AF368038

CATALOGUE

DES LIVRES

DE FEU M. Fr. THUROT.

IMPRIMERIE DE SELLIGUE, RUE DES JEUNEURS, N° 14.

CATALOGUE

DES LIVRES

GRECS, LATINS, FRANÇAIS, ALLEMANDS, ANGLAIS, ETC.

DE FEU M. Fr. THUROT,

CHEVALIER DE LA LÉGION D'HONNEUR, MEMBRE DE L'INSTITUT (ACADÉMIE DES INSCRIPTIONS ET BELLES-LETTRES), PROFESSEUR DE LANGUE ET DE LITTÉRATURE GRECQUE AU COLLÉGE ROYAL DE FRANCE, ETC.

Dont la vente se fera le lundi 14 janvier 1833 et jours suivans, au Collége de France, Place Cambray, de onze heures du matin à quatre heures de relevée.

Les adjudications auront lieu par le ministère de M. CHAUVEAU, commissaire-priseur, rue Coquillière, n° 27.

————————————◦◦◦————————————

A PARIS,

CHEZ LEBLANC, LIBRAIRE, RUE DU SENTIER, N° 18.

1832.

NOTICE SUR M. Fr. THUROT.

Né à Issoudun, le 24 mars 1768, M. François Thurot y commença ses études, et vint à Paris en 1782 pour les terminer. Il fut placé au Collége de Navarre, et y resta jusqu'en 1785, après avoir obtenu de grands succès dans chacune de ses classes. Il fut immédiatement admis comme élève à l'école des Ponts-et-Chaussées. Bientôt la Révolution vint changer la direction des études de M. Thurot, et il se livra de nouveau à la culture des lettres, et particulièrement à l'étude des langues anglaise et allemande.

Dès l'époque de l'organisation de l'école normale, en 1794, la Commission d'Instruction publique appela M. Thurot pour suivre les cours de cette école, et le chargea de traduire l'*Hermès* de *Harris*; cette traduction, à laquelle M. Thurot ajouta un Discours préliminaire et des Notes, parut en 1796, et obtint la faveur, alors difficilement accordée, d'être imprimée aux frais du gouvernement.

En 1811, M. Thurot fut adjoint à M. Laromiguière, professeur de philosophie à la Faculté des Lettres de Paris.

En 1814, il prit possession, au collége de France, de la chaire de langue et de littérature grecque, qu'il continua d'occuper jusqu'au moment où il fut enlevé aux lettres et à sa famille.

Il fut nommé membre de l'Institut (Académie des Inscriptions et Belles-Lettres) dans le courant de l'année 1830.

a

En 1831 , M. Thurot reçut la décoration de la Légion-d'Honneur.

Il fut nommé, dans la même année , membre du Conseil de perfectionnement près l'Institut des Sourds-Muets.

Enfin, cette même année 1831 , le 9 août, l'Académie française décerna à M. Thurot, en séance publique , un prix de 6,000 fr. , sur la rente annuelle de 10,000 fr. léguée par M. de Monthyon à l'Académie, pour récompenser l'auteur de l'ouvrage qu'elle aura jugé le plus utile aux bonnes mœurs, parmi les publications de l'année précédente, c'est-à-dire, dans cette circonstance, pour l'ouvrage que M. Thurot avait publié en 1830, sous le titre suivant: *De l'Entendement et de la Raison : Introduction à l'étude de la Philosophie.*

M. Thurot s'occupait constamment de la révision des nombreux manuscrits qu'il a laissés , tant sur la Philosophie que sur la Grammaire et l'Histoire.

Surpris dans ses travaux philologiques par l'épidémie qui a signalé son passage à Paris sur de célèbres victimes , M. Thurot a été enlevé , le 16 juillet dernier, au monde savant , à ses amis et à sa famille inconsolable. La plupart de ses collègues de l'Institut l'ont accompagné jusques à sa tombe ; là, M. Silvestre de Sacy et M. Hase se sont succédés pour rappeler au concours nombreux des assistans les vertus civiques et particulières de M. Thurot ; ils ont exprimé, avec l'accent de la plus sincère douleur , les regrets les plus vifs sur les pertes irréparables que les sciences ont faites dans ce même temps, particulièrement dans la classe des Inscriptions et Belles-Lettres de l'Institut.

Nous croyons rendre service aux amis des lettres, en

terminant cette Notice par le catalogue des ouvrages publiés par M. Thurot.

Hermès, ou Recherches philosophiques sur la Grammaire universelle, trad. de l'anglois de Jacq. Harris, avec des remarques et additions. *Paris, Impr. de la République*, an IV (1796), 1 vol. in-8.

Vie de Laurent de Médicis, trad. de l'angl. de Roscoë. *Paris, Treuttel et Wurtz*, 1799, 2 vol. in-8.

Apologie de Socrate, d'après Platon et Xénophon, avec des remarques sur le texte grec, et la traduction française. *Paris, F. Didot*, 1806, 1 vol. in-8.

Les Phéniciennes d'Euripide, avec un choix des scholies grecques, et des notes françaises. *Paris, F. Didot*, 1813, in 8.

Gorgias, dialogue de Platon (en grec). *Paris, F. Didot*, 1815, in-8.

Discours sur cette question : Qu'est-ce que la philosophie ? prononcé le 5 décembre 1818, pour l'ouverture du cours de Philosophie de la faculté des lettres de l'Académie de Paris. *Paris, F. Didot*, 1819, in-8.

La Morale d'Aristote. *Paris, F. Didot*, 1823, 1 vol. in-8.

La Politique d'Aristote. *Paris, F. Didot*, 1824, 1 vol. in-8.

La publication de ces deux ouvrages, *la Morale et la Politique d'Aristote*, a été entreprise par M. Thurot et par MM. Firmin Didot frères, avec l'intention d'en appliquer le produit au soutien de la cause des Grecs.

Notice sur la vie et les ouvrages de Cabanis, accompagnant ses œuvres complètes, publiées par M. Thurot. *Paris, F. Didot*, 1827, in-8.

Manuel d'Epictète et Tableau de Cébès traduits (en regard du texte grec publié par le Dr Coray). *Paris, Eberhart*, 1826, in-8.

Harangue de Lycurgue contre Léocrate (en regard du texte grec publié par le Dr Coray). *Paris, Eberhart*, 1826, in-8.

OEuvres philosophiques de Locke, nouv. édition, revue et augmentée par M. Thurot. *Paris, F. Didot*, 1827, 7 vol. in-8.

> M. Thurot n'a revu que les six derniers volumes. Le Traité de l'Entendement contient de plus les notes de Léibnitz.

De l'Education des Enfans, par Locke, trad. de l'angl. par Coste : nouvelle édition à laquelle M. Thurot a joint la méthode observée pour l'éducation des enfans de France. *Paris, F. Didot*, 1827, 2 vol. in-12.

La Morale et la Politique d'Aristote, trad. du grec. *Paris, F. Didot*, 1828, 2 vol. in-8.

De l'Entendement et de la Raison : Introduction à l'étude de la philosophie. *Paris, Aimé André*, 1830, 2 vol. in-8.

Rapport fait par M. Thurot, au nom de la commission de l'Académie des Inscriptions et Belles-Lettres, sur la nouvelle édition du *Thesaurus linguæ græcæ* d'Henri Estienne, publié par MM. Firmin Didot. *In-fol.* 1831.

M. Thurot a de plus fourni un grand nombre d'articles littéraires et philologiques qui ont été insérés dans la *Décade philosophique*, dans le *Mercure* et dans la *Revue Encyclopédique*.

AVERTISSEMENT.

La Bibliothéque de M. Fr. Thurot, professeur de langue et de littérature grecque au Collége de France, est spécialement composée des meilleurs ouvrages sur l'étude des langues anciennes; elle contient tous les Classiques grecs et latins, de diverses éditions, plus ou moins précieuses les unes que les autres, la plupart enrichies des notes manuscrites du savant professeur. Nous croyons devoir appeler l'attention des amateurs sur les articles ci-après, qui se rencontrent rarement dans les ventes : n° 17. Corpus Juris civilis. *Amst. Elzevirii*, 1660, in-fol. — 256. Galeni Opera, græcè. *Venetiis, Aldi*, 1525, 5 vol. in-fol, Ch. M.—376. Henrici Stephani thesaurus linguæ græcæ. 1572, 4 vol. in-fol.—378. Suidæ Lexicon græco-latinum, ed. Kustero. *Cantabrigiæ*, 1705, 3 vol. in-fol. Ch. M. — 379. Hesychii Lexicon græcum, ed. Alberto. *Lugd.-Bat.*, 1746-66, 2 vol. in-fol. Ch. M. — 386. Koumas, Lexicon græcum. *Viennæ-Austriæ*, 1829, 2 vol. gr. in-4. — 422. Latinitatis Lexicon Facciolati. *Patavii*, 1771, 4 vol. in-fol. — 425. Glossarium Car.

Dufresne, Dom. Ducange. *Parisiis*, 1773, 12 vol. in-fol. Ch. M.— 456. Grammaticæ islandicæ rudimenta, per Run. Jonam. *Oxoniæ*, 1688, in-4. — 480. Themistii orationes, græcè, curante Harduino. *Parisiis, è typ. regiâ*, 1684, in-fol. non rogné.—531. Homerus Jos. Barnesii. *Cantabrigiæ*, 1711, 2 vol. in-4. — 641. Sophocles Brunckii. *Argentorati*, 1786-89, 4 vol. in-8, Ch. M.—643. Euripides Barnesii. *Lipsiæ*, 1778-88, 3 vol. in-4. — 644. Idem. *Glasguæ*, 1821, 9 vol. gr. in-8. — 651. Aristophanes Lud. Kusteri. *Amst.*, 1710, in-fol. Ch. M. non rogné.— 711. Athenæus, ed. Jo. Schweighæuser. *Argentorati*, 1807, 14 vol. gr. in-8, non rognés. —756. Plutarchus, ed. Jo. Jac. Reiske. *Lipsiæ*, 1774-82, 12 vol. in - 8. — 757. Idem, ed. Jo.-Geo. Hutten. *Tubingæ*, 1791-1805, 14 vol. in-8, non rognés. — 795. Géographie de Strabon, trad. par MM. Laporte-Dutheil, Coray et Gossellin. *Paris, Impr. Imp.*, 1805-1819, 5 vol. gr. in-4. — 819. Herodotus Walkenaerii. *Amst.*, 1783, in-fol. — 921. Plutarchi vitæ, ed. Coray. *Parisiis*, 1809-14, 6 vol. in-8. — 920. Diogenes Laërtius Æg. Menagii. *Amst.*, 1692, 2 vol. in-4. — 959. A. Coray Bibliotheca græca. *Parisiis, F. Didot et Eberhart*, 1805-19, 13 vol. in-8, Ch. M. — etc., etc.

(XI)

TABLE DES DIVISIONS.

HISTOIRE.

CATALOGUE

DES LIVRES

DE FEU M. Fr. THUROT.

THÉOLOGIE.

1 Biblia sacra Vulgatæ edit. , Sixti V jussu reco-
gnita atque edita. *Antuerpiæ, ex off. Planti-
niana,* 1680, in-4, v. br.

2 Vetus Testamentum (græcum), ex versione
Septuaginta interpr., illustr. Dav. Millio. *Trajecti ad Rhenum,* 1725, 2 tom. en 4 vol. in-12,
demi-rel.

3 Novum Testamentum (græcum), ex recensione
Jo. Jac. Griesbachii, cum scholiis et lectionum
varietate. *Lipsiæ,* 1805, 2 tom. en 1 vol. in-8,
demi-rel.

4 Novum Testamentum (græcè, veteri et hod.).
Londini, 1824, in-12, v. f.

5 Introduction à l'Ancien-Testament, par J. Gott.
Eichhorn. *Leipsig,* 1803, 4 vol. in-8, demi-rel.
— Introduction au Nouveau-Testament, par le
même. *Leipsig,* 1804, 3 vol. in-8, demi-rel. (en
allemand.)

6 Démonstration de l'existence de Dieu, par Fénélon. *Paris,* 1810, in-12, bas. rac.

7 Clementis Alexandrini opera (gr. et lat.). *Lutetiæ, typ. reg.*, 1641, in-fol. v. br.

8 Joh. Casp. Suiceri Thesaurus Ecclesiasticus , ordine alphabetico. *Trajecti ad Rhenum*, 1746, 2 vol. in-fol. demi-rel.

9 Sancti Pauli Epistolæ ad Timotheum, gr. ed. Coray. *Parisiis, Eberart*, 1831, in-8, demi-rel.

10 Conceptos del Amor de Dios, escritos por la beata madre Theresa de Jesus. *En Brusselas, per Roger Velpio*, 1612, in-8, vel.

11 Dictionnaire des Hérésies, par Pluquet. *Paris*, 1752, 2 vol. in-8, v. m.

12 Essai historique–critique sur l'origine de la puissance temporelle des Papes, par Sabbathier. *La Haye*, 1765, in-12, v. m.

13 L'Esprit de l'Église, ou Considérations philosophiques et politiques sur l'Histoire des Conciles et des Papes, par de Potter. *Paris*, 1821, 8 vol. in-8.

14 Des Effets de la religion de Mohammed, par Oelsner. *Paris*, 1810, in-8.

15 Origine de tous les Cultes, par Dupuis. *Paris*, an III, 3 vol. in-4, pap. vél., et Atlas, v. éc. fil. d. s. tr.

JURISPRUDENCE.

16 Philosophie du Droit, par M. E. Lerminier. *Paris*, 1831 , 2 vol. in-8.

17 Corpus Juris civilis, cum notis Dion. Gothofredi et Variorum, curante Sim. Van Leeuwen.

Amstelodami , Lud. et Dan. Elzevirii , 1662 ,
2 vol. in-fol. v. br.

18 Jo. Gottl. Heineccii Antiquitatum Romanarum jurisprudentiam illustrantium Syntagma.
Francof.-ad-Mænum , 1771 , 2 tom. en 1 vol.
in-8, cart. non rogné.

19 Leges Atticæ. Sam. Petitus collegit, digessit,
et commentario illustravit ; cum animadversionibus Jac. Palmerii à Grentemesnil, A. M. Sal-
vinii et C. A. Dukeri, quibus suas et præfationem addidit Petr. Wesselingius. *Lugd.-Bat.,*
1742 , in-fol. v. éc. fil, Ch. M.

20 Miscellæ defensiones pro Cl. Salmasio , de
variis observationibus et emendationibus ad jus
Atticum et Romanum pertinentibus. *Lugd.-Bat.,*
1645, p. in-8, vel.

21 Opuscula varia de Latinitate Jurisconsultorum
veterum , edid. C. Andr. Dukerus. *Trajecti ad
Rhenum,* 1761, p. in-8.

22 Traité des lois de Cicéron, trad. par Morabin.
Paris, 1719, in-12 , v. br.

23 Les cinq Codes français. *Paris,* 1825, in-4,
demi-rel.

24 Traité de la législation civile et pénale, trad.
de l'angl. de Jér. Bentham, par Et. Dumont.
Paris, 1802, 3 vol. in-8, demi-rel.

25 Traité des délits et des peines , trad. de l'ital.
(de Beccaria, par André Morellet). *Philadelphie,*
(Paris) 1766, in-12 , v. m.

26 Traité des délits et des peines de Beccaria,

trad. en grec moderne (par M. Coray). *Paris,
Eberart,* 1802, in-8, demi-rel.

27 Traité des délits et des peines de Beccaria,
trad. en grec moderne (par M. Coray), avec un
fac-simile d'une lettre de Morellet. *Paris, F.
Didot,* 1823, in-8, demi-rel.

28 Théorie des peines et des récompenses, trad.
de l'angl. de Jérémie Bentham, par Et. Dumont.
Paris, 1825, 2 vol. in-8.

29 De la justice criminelle en France, par M. Bé-
renger. *Paris,* 1818, in-8, demi-rel.

30 Traité des preuves judiciaires, trad. de l'angl.
de Jér. Bentham, par Et. Dumont. *Paris,* 1823,
2 vol. in-8.

31 Histoire du droit municipal en France, sous
la domination romaine et sous les trois dynas-
ties; par M. Raynouard. *Paris,* 1829, 2 v. in-8.

32 Code du Jury et des élections, par M. Persin.
Paris, 1818, in-8.

33 Mémoire pour le comte de Lally. *Paris,*
(1766) in-4, v. m.

SCIENCES ET ARTS.

I. Philosophie.

1. *Introduction, Histoire.*

34 Cours de Sciences sur des principes nouveaux,
pour former le langage, l'esprit et le cœur; par
Buffier. *Paris,* 1732, in-fol. v. marb.

35 Histoire de l'origine, du progrès et de la décadence des sciences dans la Grèce, traduite de l'allemand de Ch. Meiners, par Laveaux. *Paris,* an VII, 5 vol. in-8, v. fil.

36 Essais sur les rapports primitifs qui lient ensemble la philosophie et la morale, par le Ch^{er} Bozzelli. *Paris,* 1825, in-8.

37 Philosophie ancienne et moderne, par M. Naigeon. *Paris,* 1791 et ann. suiv., 3 vol. in-4, cart. (*Encycl. méth.*)

38 M. T. Ciceronis Historia philosophiæ antiquæ : ex illius scriptis collegit Frid. Pedike. *Berolini,* 1782, in-8, demi-rel.

39 Jac. Bruckeri Institutiones historiæ philosophicæ, edente Frid. Gottl. Born. *Lipsiæ,* 1790, in-8, demi rel.

40 J. Jonsii, de scriptoribus historiæ philosophicæ libri IV. *Francofurti,* 1659, in-4, vél.

41 Histoire de la philosophie, par Guill. Gottl. Tennemann (en allemand). *Leipzig,* 1798, 11 vol. in-8, demi-rel.

42 Manuel de l'histoire de la philosophie, traduit de l'allemand de Tennemann, par M. V. Cousin. *Paris,* 1829, 2 vol. in-8.

43 Histoire de la philosophie, par J. Gottl. Buhle (en allemand). *Gottingue,* 1800, 6 vol. in-8, demi-rel.

44 Th. Stanleii historia philosophiæ, vitas, opiniones, gesta et dicta philosophorum complexa,

ex anglico sermone in latinum versa. *Lipsiæ,* 1711, in-4, vél.

45 Jac. Bruckeri historia critica philosophiæ, cum appendice. *Lipsiæ,* 1742, 7 vol. in-4, v. m. portr.

46 Système de philosophie morale, traduit de l'anglois, de Hutcheson (par Eidous). *Lyon,* 1770, 2 vol. in-12, demi-rel.

47 Principes mathématiques de la philosophie naturelle, par madame Duchastellet. *Paris,* 1759, 2 vol. in-4, bas.

48 Essai historique sur l'école d'Alexandrie, par Jacques Matter. *Paris,* 1820, 2 vol. in-8.

49 Histoire comparée des systèmes de philosophie, relativement aux principes des connaissances humaines, par M. Degérando. *Paris,* 1822-25, 4 vol. in-8.

5o Essai sur l'histoire de la philosophie en France au 19e siècle, par M. Ph. Damiron. *Paris,* 1828, in-8.

2. *Philosophes et Moralistes Grecs et Latins.*

51 Æschinis Socratici Dialogi III (gr. et lat.); vertit et notis illustravit J. Clericus. *Amstel.,* 1711, in-8, vel.

52 Xenophontis memorabilium Socratis Dictorum et Factorum libri IV (græcè), curante Guil. Lange. *Halis Saxonum,* 1806, in-8.

53 Xenophontis Œconomicus, Convivium, Hiero,

Agesilaüs (græcè), ex recens. Jo. Gott. Schneider. *Lipsiæ*, 1805. — Animadversionum in Xenophontis OEconomicum Specimen Christ. Jul.
Wilh. Mosche. *Francof.*, 1793 , 2 tom. en 1 v.
in-8, demi-rel.

54 Xenophontis scripta, commentariis illustrata à
B. Weiske volumen quintum , continens OEconomicum, Convivium , Hieronem , Apologiam
Socratis , et Memorabilia. *Lipsiæ*, 1802, in-8,
demi-rel.

55 Xenophontis Apologia Socratis, et Platonis
Gorgias (græcè), ed. Coray. *Parisiis, Eberart*,
1825, in-8, demi-rel.

56 Platonis quæ exstant (græcè), ad edit. H. Stephani accuratè expressa , cum Marsilii Ficini
interpretatione. *Biponti,* 1781, 12 vol. in-8, vél.

57 Platonis Opera omnia quæ exstant (græcè et
latinè), Marsilio Ficino interprete. *Lugduni,*
1590, in-fol. vél.

58 Timæi sophistæ Lexicon Vocum Platonicarum,
græcè edidit atque illustr. D. Ruhnkenius.
Lugd.-Batav., 1789, in-8, demi-rel.

59 Scholia in Platonem, ex codicibus Mss. collec-
git D. Ruhnkenius, græcè. *Lugd.-Batav.*, 1800,
in-8, demi-rel

60 OEuvres de Platon , traduites en françois par
Dacier. *Amsterd.*, 1744, 2 vol. in-12, v. m. all.

— 61 OEuvres complètes de Platon, traduites du
grec en français, par M. V. Cousin. *Paris*, 1822-
1832, 8 vol. in-8.

62 Œuvres de Platon, traduites en allemand, par
Schleiermacher. *Berlin*, 1804, 5 vol. in - 8,
demi-rel.

63 Platonis Dialogi selecti (græcè), curâ Lud.
Frid. Heindorfii. *Berolini*, 1802 — 1810 , 4 vol.
in-8, demi-rel.

64 Platonis Euthyphro, Apologia Socratis, Crito,
Phædo (græcè), ex recens. Jo. Frid. Fischeri.
Lipsiæ, 1783 , in-8, v. rac. dent. portr.

65 Platonis Phædon (græcè et latinè) explanatus
et emendatus prolegomenis et annotatione Dan.
Wyttenbachii. *Lugd.-Batav.*, 1810, in-8, demi-
rel.

Ce volume est enrichi de notes manuscr. de M. Thurot.

66 Platonis Phædrus, græcè : recensuit, Hermiæ
scholiis , suisque commentariis illustravit D. -
Frid. Astius. *Lipsiæ* , 1810, in-8, demi-rel.

67 Platonis Dialogi IV, Meno, Crito, Alcibiades
uterque, cum animadversionibus Variorum,
curante Biester. *Berolini*, 1790. — Ejusdem Me-
nexenus et Periclis Thucydidei oratio funebris,
græcè, ex recens. et cum notis Jo. Chr. Gottleber.
Lipsiæ, 1782. — Æschinis Socratici dialogi III,
græcè, ex recens. Jo. Frid. Fischeri. *Miseni*,
1788 : 3 part. en 1 vol. in-8, demi-rel.

68 Platonis dialogi duo, Cratylus et Theætetus,
græcè, è recensione H. Stephani, varietate lectionis animadversionibusque criticis brevibus

illustrati ab Jo. Frid. Fischero. *Lipsiæ*, 1770, in-8, v. m.

69 Platonis Symposium, græcè, curâ et cum notis germanicis Frid. Aug. Wolfii. *Lipsiæ*, 1782 , in-8.

70 Platonis Opera, græcè, ex recens. H. Stephani, cum scholiis et notis, ed. Christ. Dan. Beckio. *Lipsiæ*, 1813-1816, 4 vol. in-18.

71 Procli Successoris Platonici in Platonis Theologiam lib. **VI** (gr. et lat.) edente Æm. Porto. *Hamburgi*, 1618, in-fol. v. br.

72 Theonis Smyrnæi Platonici, eorum quæ in mathematicis ad Platonis lectionem utilia sunt, expositio, græcè, cum latinâ interpret. et notis Ismaëlis Bulialdi. *Lutetiæ – Parisiorum*, 1644, in-4, vel.

73 Système de la Philosophie platonicienne, par Tennemann (en allemand). *Leipsic*, 1794, 4 part. en 2 vol. in-8, demi-rel.

74 Aristotelis Stagiritæ Opera (græcè et latinè), edente Is. Casaubono. *Lugduni*, 1590, in-fol., bas.

75 Aristotelis opera omnia (græce), recensuit, annotationem et novam versionem latin. adjecit J. T. Buhle. *Biponti*, 1792, 5 vol. in-8, cart.

76 Petri Victorii Commentarii in libros Aristotelis de Moribus ad Nicomachum. *Florentiæ, ex offic. Juntarum*, 1584, in-fol. v. br.

77 Aristotelis Organum, hoc est, libri omnes ad logicam pertinentes (græcè et latinè) ex recen-

sioue et cum notis Jul. Pacii. *Genevæ*, 1605. —
Julii Pacii in Porphyrii Isagogen et Aristotelis
Organum, Commentarius analyticus. *Aureliæ-
Allobrogum,* 1605: 2 part. en 1 vol. in-4, v. m.

78 Aristotelis Ethicorum Nicomacheorum libri
decem, Codicum Mss. collatione recogniti et
notis illustrati à G. Wilkinson (græcè et latinè).
Oxonii, 1803, in-8, cart. non rogné.

79 Aristotelis Ethicorum libri X, græcè, ed. Coray. *Parisiis, Eberart,* 1822, in-8, v. rac.

80 Aristotelis et Theophrasti Metaphysica, græcè,
curante Chr. Aug. Brandis. *Berolini,* 1823, in-8,
tom. prior.

81 Aristotele's Ethics and Politics, comprising his
practical philosophy, transl. from the greek
and illustr. by introductions and notes, by J.
Gillies. *London,* 1797, 2 vol. in-4, Ch. M. v.
j. fil.

82 La Morale d'Aristote, traduite en allemand
par Christ. Garve. *Breslau,* 1798, 2 vol. in-8,
demi-rel.

83 Plutarchi de physicis philosophorum decretis
libri V, edente Chr. Dan. Beckio. *Lipsiæ,* 1787,
in-8, v. gr. fil.

84 Plutarchi Chæronensis Moralia, id est, opera,
exceptis vitis, reliqua (græcè et latinè), ex
edit. Dan. Wyttenbach. *Lipsiæ,* 1796, 1 tom. en
2 vol. in-8, demi-rel.

85 Plutarchi liber de serà Numinis vindictà (gr.

et lat.), curante Dan. Wyttenbach. *Lugd.-Bat.,*
1772, in-8, vél.

86 Traité de Plutarque, sur la manière de dis-
cerner un flatteur d'avec un ami, et le Banquet
des Sept Sages (grec et français). *Paris, Imprim.
roy.,* 1772, in-8, v. m. fil.

87 Theophrasti Characteres (græcè); recensuit
ac notis illustravit Jo. Frid. Fischerus; accessit
commentarius Is. Casauboni. *Coburgi,* 1763,
in-8, demi-rel.

88 Epicteæ philosophiæ monumenta, scilicet:
Dissertationum ab Arriano digestarum libri IV;
ejusd. Enchiridion et fragmenta (græcè); post Jo.
Uptoni aliorumque curas recensuit, lat. versione, adnotationibus, indicibus illustravit Jo.
Schweighæuser. *Lipsiæ,* 1799, 3 tom. en 5 vol.
in-8, cart.

89 Arriani Dissertationes in Epicteti philosophiæ
monumenta (græcè), ed. Coray. *Parisiis,
Eberart,* 1827, 2 tom. en 1 vol. in-8, demi-rel.

90 Epicteti Enchiridium , cum Cebetis tabulâ;
accessère Arriani commentarii de Epicteti dispu-
tationibus, H. Wolfio interprete et annotante.
— Porphyrii de abstinentiâ ab animalibus ne-
candis libri IV, ex novâ versione. — Ejusdem
liber de vitâ Pythagoræ; Sententiæ ad intelli-
gibilia; et de Antro Nympharum quod in Odys-
seâ describitur : latinè vertit, dissertationes de
Porphyrio, observationes ad Pythagoræ vitam ,
indicesque in Arrianum et Porphyrium adjecit

Luc. Holstenius. *Cantabrigiæ*, 1655, 1 vol. in-8, vélin.

91 Epicteti Enchiridion (græcè et latinè), cum scholiis græcis et animadversionibus, curante Chr. Gottl. Heyne. *Varsoviæ*, 1776, in-8, demi-rel.

92 Andronici Rhodii Ethicorum Nicomacheorum paraphrasis, græcè, cum latinâ interpretatione D. Heinsii. *Cantabrigiæ*, 1679, in-8, v. br.

93 Marci Antonini imperatoris, de rebus suis libri XII restituti (græcè et lat.), versione latinâ et commentario illustrati à Th. Gatakero ; accesserunt annotationes Dacerii necnon M. Antonini vita à G. Stanhope. *Londini*, 1697, in-4, vel.

94 Marci Antonini de se ipso libri XII (græcè), ed. Coray. *Parisiis*, 1816, in 8, demi-rel.

95 Maximi Tyrii dissertationes (græcè et latinè) ex recensione J. Davisii, curavit et annotationes addidit J. J. Reiske. *Lipsiæ*, 1774, 2 tom. en 1 vol. in-8, cart.

96 Nemesius Emesenus, de naturâ hominis, (græcè et latinè) ; animadversiones adjecit Chr. Frid. Matthæi. *Halæ - Magdeburgicæ*, 1802, in-8, v. gran. fil.

97 Sexti Empirici opera (græcè et latinè). — Pyrrhoniarum institutionum libri III, cum H. Stephani versione et notis. — Contra Mathematicos, libri VI; contra Philosophos, libri V, cum versione G. Herveti : græca castigavit,

notas addidit J. A. Fabricius. *Lipsiæ,* 1718, in-fol. v. br.

98 Sextus Empiricus, traduit en allemand par Buhle. *Lemgo,* 1801, in-8.

99 Juliani Imp. opera omnia , et S. Cyrilli Alexandr. contra eumdem , libri X (græcè et latinè), cum notis Dion. Petavii et aliorum, ex recens. Ezech. Spanhemii. *Lipsiæ,* 1696 , in-fol. vél.

100 M. T. Ciceronis Academica : recensuit Variorum notas , Turnebi et Fabri commentarios adjunxit J. Davisius. *Cantabrigiæ,* 1725, in-8 , v. f.

101 M. T. Ciceronis Tusculanarum disputationum libri quinque, ex recensione Fr. A. Wolfii. *Lipsiæ,* 1807, in-8, demi-rel.

102 M. T. Ciceronis de naturâ Deorum lib. III, cum notis Variorum; recensuit et illustravit J. Davisius; accedunt emendationes J. Walkeri. *Cantabrigiæ,* 1718, in-8, v. f.

103 M. T. Ciceronis de finibus bonorum et malorum, libri V , ex recens. J. Davisii, cum notis Variorum. *Cantabrigiæ,* 1728, in-8, v. f. fil.

104 M. Tullii Ciceronis de Officiis libri tres, Cato major, Lælius, Paradoxa, Somnium Scipionis, ex recensione Jo. G. Grævii, cum notis Variorum et commentariis Aldi Manutii. *Amstelodami,* 1688, in-8, v. br.

105 Dissertation sur le traité des devoirs de Cicé-

ron, traduit en allemand par Garve. *Breslau.*
1806, 2 vol. in-8, demi-rel.

106 M. Tullii Ciceronis Cato Major, et Somnium
Scipionis , cum græcâ versione Theodori, et
germanicis commentariis J. Ad. Goz. *Norim-
berg,* 1801, in-8, demi rel.

107 L. Ann. Senecæ opera omnia quæ supersunt,
recognovit et illustravit Fr. Ern. Ruhkopf.
Lipsiæ, 1797-1811, 5 vol. in-8, cart.

3. *Philosophes et Moralistes modernes.*

108 De Verulamio scripta in naturali et universali
philosophiâ, auct. Fr. Bacone. *Amstelodami ,
Lud. Elzevirius,* 1653, in-12, v. m. fil.

109 J. Saresberiensis Policraticus, sive nugis cu-
rialium, et vestigiis philosophorum lib. VIII ;
accedit huic edit. Metalogicus. *Lugd.-Batav.,*
1639, in-8 , v. éc. fil. d. s. tr.

10 Basilii, imper. Rom. , admonitoria ad filium
suum Leonem, interprete Joan. Paradis (gr. et
lat.). *Parisiis,* 1637, in-12, vél.

111 Lusus ingenii et verborum in animi remissio-
nem; curavit D. Chr. Seybold. *Argentorati ,*
1792, in-16.

112 Discours de la méthode pour bien conduire
sa raison, et chercher la vérité dans les sciences ;
plus, la dioptrique et les météores, etc. , par
René Descartes. *Paris,* 1668, in-4, v. br.

113 L'Homme, de René Descartes, avec les re-

marques de Louis de la Forge. *Paris*, 1729, in-12, v. m.

114 De l'usage des Passions, par Senault. *Paris*, 1669, in-12, v. br.

115 OEuvres philosophiques , par La Mettrie. *Londres*, 1751, in-4, v. éc.

116 Mélanges philosophiques, par Formey. *Leyde*, 1754, 2 vol. in-12, v. m.

117 Système de la nature, par Mirabaud (le baron d'Holbach). *Londres* (*Amsterdam*) 1770, 2 vol. in-8, v. m.

118 Lettre sur les sourds et muets, à l'usage de ceux qui entendent et qui parlent (par Diderot). *Amsterdam*, 1772, in-12.

119 Principes de la philosophie morale , ou Essai sur le mérite de la vertu, par M. S*** (Shaftesbury), trad. de l'angl. (par Diderot.) *Paris*, (*Amsterd.*) 1745, in-8, v. m.

120 Fragmens philosophiques, par M. V. Cousin. *Paris*, 1826, in-8.

121 Réflexions ou Sentences et Maximes morales, (par Larochefoucauld.) *Rouen*, 1672, in-12, v. br.

122 Maximes de Larochefoucauld , avec leurs paronymes, par M. Massias. *Paris*, 1825, in-18.

123 Considérations sur les mœurs de ce siècle, par Duclos. *Paris*, 1772, in-12, v. m.

124 L'Industrie, ou Discussions politiques, morales et philosophiques, dans l'intérèt de tous les hommes livrés à des travaux utiles et indépen-

dans; par H. St-Simon. *Paris*, 1817, 2 vol. in-8.

125 Cours élémentaire de morale, par M. Lévesque. *Paris*, 1796, in-8, demi-rel.

126 État des pauvres, ou histoire des classes tra-
vaillantes de la société, en Angleterre ; par Laro-
chefoucauld-Liancourt. *Paris*, an VIII, in-8.

127 OEuvres posthumes de Marmontel (logique,
métaphysique et morale). *Paris*, 1805, 3 vol.
in-12.

128 Claudii Salmasii Liber de Usuris. *Lugd.-Bat.*,
Elzevirius, 1638, in-8, v. f.

129 Elémens de la philosophie Newtonienne; trad.
de l'anglois de Pemberton, par Élie de Joncourt. *Amsterd.*, 1755, in-8, v. m.

130 Il Newtonianismo per le dame, owero dialo-
ghi sopra la luce, i colori e l'attrazione. *Napoli*,
1739, gr. in-8, vél.

131 OEuvres de Fr. Bacon, trad. par Ant. Lasalle.
Dijon, an VIII, 3 vol. in-8, portr.

132 L'Analogie de la religion naturelle et révélée,
avec l'ordre et le cours de la nature, trad. de
l'anglais de Joseph Butler. *Paris*, 1821, in-8.

133 An Essay concerning human understanding,
by J. Locke. *London*, 1796, 2 vol. in-8, bas. rac.

134 A. Treatise of human nature, by Dav. Hume.
London, 1739, 2 vol. in-8, v. éc

135 Alciphron, or the Minute philosopher, in se-
ven dialogues , by G. Berkeley. *London*, 1755
in-12, v. fil.

136 The principles of critical philosophy, selected

from the works of E. Kant, by J. Beck. *London*, 1797, in-8, demi-rel.

137 Recherches sur l'entendement humain, d'après les principes du sens commun ; trad. de l'angl. de Th. Reid. *Amsterd.*, 1768, 2 tomes en 1 vol. in-12, demi-rel.

138 Institutes of moral philosophy, by Adam Ferguson. *Basil*, 1800, in-8, demi-rel.

139 La morale naturelle ramenée aux principes de la physique, trad. de l'anglais de Bruce, par Verlac. *Paris*, an II, in-8.

140 Outlines of moral philosophy, by Dugald Stewart. *Edinburgh*, 1808, in-8, v. fil.

141 Philosophical Essays, by Dugald Stewart. *Edinburgh*, 1816, in-8, cart.

142 Elémens de la philosophie et de l'esprit humain, traduit de l'anglais de Dugald Stewart, par P. Prevost. *Genève*, 1808-1825, 3 vol. in-8.

143 Esquisses de philosophie morale, traduites de l'anglais de Dugald Stewart, par M. Jouffroy. *Paris*, 1826, in-8.

144 Essays on philosophical subjects, by Adam Smith, with his life, by Dugald Stewart. *Basil*, 1799, in-8.

145 Essais philosophiques, par Adam Smith, précédés d'un précis de sa vie et de ses écrits, par Dugald Stewart, trad. de l'angl. par Prevost. *Paris*, 1797, 2 vol. in-8, dem. rel.

146 OEuvres complètes de Thomas Reid, publiées

par M. Th. Jouffroy, avec des fragmens de
M. Royer-Collard. *Paris*, 1829, 5 vol. in-8.

147 Philosophiæ naturalis theoria, auct. P. R. J.
Boscovich. *Viennæ- Austriæ*, 1759, in-4, bas.

148 Idées sur la philosophie de l'histoire de
l'humanité, trad. de l'allemand de Herder, par
Edg. Quinet. *Paris*, 1827-28, 3 vol. in-8.

149 Sur la Solitude, par Zimmermann (en allemand). *Leipsic*, 1784, 4 vol. in - 12, demi-rel.

150 Esquisse d'un essai de Psychologie, par Jacob,
(en allem.). *Halle*, 1795, in-12, demi-rel.

151 OEuvres philosophiques de Moses Mendelson,
(en allemand). *Carlsruhe*, 1780, 2 vol. in-12.

152 Opere filosofiche di Piet. Verri. *Parigi*, 1784,
2 vol. in-12, v. éc. fil.

II. Logique, Métaphysique.

153 Histoire abrégée des sciences métaphysiques,
morales et politiques, depuis la renaissance des
lettres, traduit de l'anglais de Dugald Stewart,
par M. Buchon. *Paris*, 1820, 5 vol. in-8.

154 La Logique ou l'Art de Penser (dite de Port-
royal). *Paris*, 1714, in-12, v. br.

155 D. Wyttenbachii Præcepta Philosophiæ Lo-
gicæ. *Halæ*, 1794, in-8.

A ce volume est joint un index, Ms. de M. Thurot.

156 Les Méditations métaphysiques de René Descartes. *Paris*, 1773, in-4, v. br.

157 De la Recherche de la vérité, par Mallebran-
che. *Paris*, 1772, 4 vol. in-12, demi-rel. —
Traité de morale, par le même. *Lyon*, 1707, 2
vol. in-12, v. br.—Entretiens sur la métaphysique et sur la religion, par le même. *Rotterdam*,
1690, in-12, v. br.

158 Des vraies et des fausses Idées contre ce qu'en-
seigne l'auteur de la Recherche de la vérité;
par Ant. Arnauld. *Rouen*, 1724, in-8, v. br.

159 Introduction à la philosophie, contenant la
métaphysique et la logique, par G. J. S'Grave-
sande, trad. du latin (par Élie de Joncourt).
La Haye, 1748, in-8, v. m.

160 De Animi tranquillitate Dialogus, auct. Fl.
Voluseno. *Edimburgi*, 1707, in-8, v. br.

161 Pet. Dan. Huetii, de imbecillitate mentis hu-
manæ libri tres. *Amstel.*, 1738, in-12, v. m.

162 Recherches physiologiques et philosophiques
sur la sensibilité ou la vie animale, par de Sèze.
Paris, 1786, in-8.

163 Essai sur l'origine des connaissances humaines.—Traité des systèmes. — Traité des sensa-
tions, par Condillac. *Paris*, 1787, 3 vol. in-12,
demi rel.

164 Idée de l'homme physique et moral (par de
la Caze). *Paris*, an XII, in-12, bas. rac.

165 De l'Homme, de ses facultés intellectuelles,
et de son éducation; par Helvétius. *Londres*,
1775, 2 vol. in-8, bas.

166 De l'Esprit (par Helvétius). *Paris*, 1758, in-4, Gr. Pap. v. fil. tr. d.

Avec note manuscrite de M. Thurot.

167 Psychologie, ou Traité sur l'âme, par Wolf. *Amsterd.*, 1745, in-12, demi-rel. — Lettres sur l'Imagination, par Meister. *Londres*, 1799, in-8.

168 Recherches philosophiques sur les premiers objets des connaissances morales, par M. de Bonald. *Paris*, 1818, 2 vol. in-8.

169 Rapport de la nature à l'homme et de l'homme à la nature, par M. Massias. *Paris*, 1821-23, 1 vol. in-8.

170 Problêmes de l'esprit humain, ou origine, développement et certitude de nos connaissances, par M. Massias. *Paris*, 1825, in-8.

171 Traité de philosophie psycho-physiologique, par M. Massias. *Paris*, 1830, in-8.

172 Théorie du Beau et du Sublime, par M. Massias. *Paris*, 1824, in-8.

173 Recherches sur l'origine des Idées que nous avons de la beauté et de la vertu, trad. de l'angl. (de Hutcheson). *Amsterdam*, 1749, 2 tomes en 1 vol. in-8, v. marb.

174 An analytical Inquiry into the principles of Taste, by Richard Payne. *London*, 1808, in-8, cart.

175 Théorie des sentimens agréables (par Lévesque de Pouilly). *Paris*, 1774, petit in-8, fig. v. éc. fil. t. d.

176 Inductions morales et physiologiques , par
M. Kératry. *Paris*, 1817, in-8.

177 Examen philosophique des considérations sur
le sentiment du sublime et du beau, d'Emma-
nuel Kant, par M. Kératry. *Paris*, 1823, in-8.

178 Parallèle de la condition et des facultés de
l'homme, avec la condition et les facultés des
autres animaux, trad. de l'angl. par J. B. Robi-
net. *Bouillon*, 1769, in-12, v. m.

179 OEconomie de la Vie humaine, ouvrage traduit
en françois, sur la traduction angloise (de
Dodsley) du manuscrit d'un ancien Bramine,
(par Daine). *Edimbourg*, 1752, in-12, v. éc. fil.
t. d.

180 Philosophical Inquiry into the origin of our
ideas of the Sublime and Beautiful (by Burke).
Basil, 1792, in-8, v. fil.

181 The Inquiry into human mind, by Thomas
Reid. *Edimburgh*, 1810, in-8.

182 Essays on the powers of the human mind, by
Thomas Reid. *Edimburgh*, 1812, 3 vol. in-8,
cart.

183 Elements of the Philosophy of the human
mind, by Dugald Stewart. *London*, 1811, 2
vol. in-8, v. acaj. fil.

184 Sketches of the history of man. *Paris*, 1796,
4 tom. en 2 vol. in-8, demi-rel.

185 Observations on man, his frame, his duty,
and his expectations , with notes and additions

of H. A. Pistorius, by Dav. Hartley. *London*,
1791, in-4, Gr. P. v. fil. portr.

186 OEuvres philosophiques, latines et françoises,
de Leibnitz, publiées par Rud. Eric Raspe.
Amst., 1765, in-4, demi-rel.

III. Politique.

187 La philosophie de la politique, ou principes
généraux sur les institutions sociales, par F. L.
d'Escherny. *Paris*, 1797, 2 vol. in-8.

188 Économie politique des Athéniens, trad. de
l'allemaud d'Aug. Boeckh, par A. Laligant.
Paris, 1828, 2 vol. in-8.

189 Platonis Respublica (græcè), ad codicum fidem recensuit et commentariis criticis illustravit Imman. Bekkerus, cum annotationibus
Stephani et Astii. *Londini*, 1825, gr. in-8, demi-
rel., non rogné.

190 Car. Morgenstern de Platonis republicâ commentationes tres. *Halis-Saxon.*, 1794, in-8. —
Diatribe in politices Platonicæ principia; auctore J. L. G. de Geer. *Trajecti ad Rhenum*,
1810, in-8, demi-rel.

191 Les loix de Platon, trad. du grec par Grou.
Amsterd., 1769, 2 vol. in-12, v. marb. — La
République de Platon, ou Dialogue sur la Justice, trad. par le même. *Paris*, 1762, 2 vol. in-12,
v. marb.

192 Xenophontis opuscula politica, equestria et

ve natica, cum Arriani libello de venatione gr.
recensuit et explicavit J. C. Zeunius. *Lipsiæ*,
1778, in-8, v. rac. fil.

193 Aristotelis Politicorum libri VIII superstites,
(græcè); recensuit, emendationibus illustr.,
interpretationem latinam addidit J. H. Schneider. *Francof.*, 1809, 2 vol. in-8, demi-rel.

194 Pet. Victorii commentarii in VIII libros Aristotelis de optimo statu Civitatis. *Florentiæ, apud
Juntas*, 1576, in-fol., v. j.

195 Aristotelis Politicorum libri VIII (græcè),
ed. Coray. *Parisiis, Éberart*, 1821, in-8, v. m.

196 Politique d'Aristote, traduite du grec, avec
des notes et des éclaircissemens, par C. Millon.
Paris, 1803, 3 vol. in-8, portr.

197 La Politique d'Aristote, traduite en allemand par Garve. *Breslau*, 1799, 2 vol. in-12.

198 Plutarchi Politicorum liber (græcè), ed.
Coray. *Parisiis, F. Didot*, 1824, in-8, demi-rel.

199 La république de Cicéron, d'après le texte
inédit publié par M. Mai, traduite en français,
(le texte en regard) avec un discours préliminaire, par M. Villemain. *Paris*, 1823, 2 vol.
in-8, fig.

200 Essai sur la Politique et la Législation des
Romains, traduit de l'italien. *Paris*, an III,
in-12, br.

201 Les Devoirs de l'homme et du citoyen, trad.
du latin de Puffendorf, par Barbeyrac. *Amsterd.*, 1715, in-12, v. br.

202 Elementa philosophica de Cive, auct. Thom. Hobbes. *Lausannæ*, 1782, in-12, v. br.

Ce vol. est précédé d'une note manuscrite de **M.** Thurot.

203 La politique du vieux temps, ou les principes de Bossuet et de Fénélon sur la souveraineté, (extraits par l'abbé Querbeuf, ex-jésuite, et publiés par l'abbé Émery). *Paris*, 1797, in-8.

204 Annales politiques de Ch. Fr. Castel, abbé de St.-Pierre. *Lyon*, 1768, 2 vol. in-12, v. m.

205 Idées sur la Politique, le Négoce et le Commerce des principaux peuples de l'antiquité, par Héeren (en allemand). *Gottingue*, 1815, 5 vol. in-8, bas.

206 Le commerce et le gouvernement, considérés relativement l'un à l'autre, par Condillac. *Paris*, 1776, in-12, bas.

207 Supplément au Contrat Social, par P. Ph. Gudin. *Paris*, 1791, in-12.

208 Les Ruines, ou Méditations sur les révolutions des empires, par Volney. *Paris*, an VII, in-8, fig. v. fil.

209 Joan. Miltoni pro populo Anglicano defensio contra Claud. Anonymi, aliàs Salmasii, defensionem regiam. *Londini*, 1651, p. in-12, vél.

210 The free Holder, or political Essais, by J. Addison. *London*, 1744, in-8, v. fil.

211 Moral and political Dialogues between divers eminent persons (by Rich. Hurd). *London*, 1740, in-8.

212 Political arithmetic, by Will. Petty. *Glasgow*,
1751, in 12, v. m.

213 Rights of man : being an answer to **M**. Burke's
attack on the French Revolution, by **Th**. Payne.
London, 1791, in-8, demi-rel.

214 Tactique des assemblées législatives, suivie
d'un traité des sophismes politiques, trad. de
l'angl. de J. Bentham, par Et. Dumont. *Genève*,
1816, 2 vol. in-8.

215 Lettres à **M**. Malthus, par J. B. Say. *Paris*,
1820, in-8.

216 Théorie des gouvernemens, ou Exposition de
la manière dont on peut les organiser et les
conserver dans l'état présent de la civilisation en
Europe, par **M**. de Beaujour. *Paris*, 1823, 2 vol.
in-8.

217 Des anciens gouvernemens fédératifs, et de la
législation de Crète, par Sainte-Croix. *Paris*,
an 7, in-8, cart. non rogné.

218 Réflexions sur les affaires publiques et sur
divers sujets de politique, par **Z. P.** Kokkoni,
péloponésien (en grec moderne). *Paris*, 1828-
1829, 2 vol. in-8.

219 Constitutions de la nation française, par
M. Lanjuinais. *Paris*, 1819, 2 vol. in-8.

220 Des Proscriptions, par M. Bignon. *Paris*, 1820,
2 vol. in-8. — Les Cabinets et les Peuples,
depuis 1815 jusqu'à la fin de 1822, par le même.
Paris, 1822, in-8.

221 Essai sur les Garanties individuelles , par M.

Daunou, traduit (en grec moderne) par Philippe Phournaraki. *Paris, F. Didôt*, 1825, in-8.

222 Le Censeur Européen, par MM. Comte et Dunoyer. *Paris*, 1817-1819, 12 vol. in-8.

IV. Économie politique, Finances.

223 An inquiry into the nature and causes of the wealth of nations, by Adam Smith. *Basil*, 1801, 4 vol. in-8.

224 Mémoires concernant l'administration des finances sous le ministère de l'abbé Terray (par Coquereau). *Londres*, 1776, in-12, v. m.

225 De l'administration des finances de la France, par Necker. (*Genève*), 1784, 3 vol. in-8, v. f.

226 Sur le compte rendu au Roi, en 1781, nouveaux éclaircissemens, par Necker. *Paris*, 1788, in-4, v. m.

V. Physique et Chimie.

227 Essai sur l'art d'observer et de faire des expépériences, par J. Senebier. *Genève*, 1802, 3 vol. in-8.

228. Institutions de physique (par la Marquise du Chastellet). *Paris*, 1740, in-8, fig. v. m.

229 Résumé de physique, par K. M. Koumas (en grec mod.). *Vienne*, 1812, in-8, cart.

230 Lettres de Euler à une princesse d'Allemagne, sur différentes questions de physique et de philosophie. *Paris*, 1787, 3 vol. in-8, demi-rel.

231 Traité élémentaire de physique, par Haüy.
Paris, 1806, 2 vol. in-8, bas. rac.

232 Traité élémentaire de physique générale et
médicale, par M. Pelletan fils. Paris, 1824, 2
vol. in-8.

233 Recherches sur la mesure des températures
et sur les lois de la communication de la cha-
leur, par MM. Dulong et Petit. Paris, Impr.
Roy.. 1818, in-4, fig.

234 Idées sur la météorologie, par J. A. de Luc.
Paris, 1787, 2 vol. in-8, en 3 parties.

235 Essai d'une théorie sur la structure des cris-
taux, par Haüy. Paris, 1784, in-8.

236 Essai sur l'Hygrométrie, par de Saussure.
Neuchatel, 1783, in-8.

237 Expériences sur le Galvanisme, et en général sur l'irritation des fibres musculaires et
nerveuses, par M. de Humboldt, trad. de l'allemand, par M. Jadelot. Paris, 1799, in-8.

238 Traité élémentaire de chimie, par Lavoisier.
Paris, 1793, 2 vol. in-8, demi-rel.

239 Conversations sur la chimie, trad. de l'angl.
Genève, 1809, 3 vol. in-12, demi-rel

240 Elémens de chimie, trad. du français de P.
A. Adetes (en grec moderne), par K. M. Koumas.
Vienne, 1808, 2 vol. in-8, bas. rac.

241 Système de chimie de Th. Thomson, trad. de
l'angl. par J. Riffault. Paris, 1818, 4 vol. in-8,
cart.

242 Dictionnaire de chimie, sur le plan de celui

de Nicholson , trad. de l'angl. d'Andrew Ure,
par J. Riffault. *Paris*, 1822, 4 vol. in-8.

243 Dictionnaire de chimie générale et médicale,
par M. Pelletan fils. *Paris*, 1824, 2 vol. in-8.

244 Recherches sur les vertus de l'eau de goudron,
trad. de l'angl. de G. Berkeley (par Boullier).
Amsterd., 1740, in-12, bas.

VI. Histoire naturelle.

245 Aristotelis de animalibus historiæ Libri X,
(græcè et latinè) ; textum recensuit , Scaligeri
versionem recognovit, commentarium indicesque adjecit J. G. Schneider. *Lipsiæ*, 1811, 4 vol.
in-8, demi-rel. non rognés.

246 Æliani de naturâ animalium libri XVII (grecè
et latinè) , cum priorum interpretum et suis
animadversionibus edidit J. G. Schneider. *Lipsiæ*, 1784, in-8, cart. non rogné.

247 C. Plinii Secundi naturalis historia, cum interpret. et notis J. Harduini et Variorum, ex
recens. J. Georg. Frid. Franzii. *Lipsiæ*, 1778-91,
10 vol. in-8, cart. non rognés.

248 Histoire Naturelle des Animaux , par Pline ,
trad. du latin par Gueroult. *Paris*, 1802, 3 vol.
in-8, demi-rel.

249 Histoire Naturelle générale et particulière,
avec la description du Cabinet du Roi, par
Buffon. *Paris, Imp. Roy.*, 1749-67, 15 vol. in-4,
v. m. fig.

250 Eclogæ Physicæ, historiam et interpretatio-

nem corporum et rerum naturalium conti-
nentes, ex scriptoribus præcipuè græcis excerp-
tæ, in usum studiosæ litterarum juventutis , à
J. G. Schneider (græcè et germanicè). *Ienæ et
Lipsiæ* , 1801, 2 tom. en 1 vol. in-8, demi-rel.

251 Rei Rusticæ scriptores, correxit, atque interpretum omnium collectis et excerptis commentariis , suisque illustravit, J. Gott. Schneider.
Lipsiæ, 1794-1797, 4 tom. en 6 vol. in-8, cart.

VII. MÉDECINE, CHIRURGIE.

252 Æconomia Hippocratis , alphabeti serie dis-
tincta , A. Foesio auctore. *Francof.* , 1588, in-
fol. v. f.

253 Hippocratis Opuscula Aphoristica semeiotico-
therapeutica , græcè et latinè, ex interpr. Anu-
tii Foesii et aliorum. *Basileæ*, 1748.—Speculum
Hippocraticum, Notas et Præsagia morborum ,
necnon varia medendi Præcepta, ordine alphabetico, curà Jo. Rud. Zuingeri. *Basileæ*, 1747,
in-8, v. m.

254 Traité d'Hippocrate des airs, des eaux et des
lieux, avec le texte grec en regard, par M. Coray.
Paris, 1800 , 2 vol. in-8 , demi-rel. fig.

A la fin du tome Ier se trouve annexée la thèse de
M. Coray, pour obtenir le grade de docteur à l'université
de Montpellier, en 1787.

255 Traité d'Hippocrate des airs , des eaux et des
lieux , avec le texte grec en regard, publié par
M. Coray. *Paris, Eberart*, 1816, in-8, demi-rel.

256 Galeni Opera omnia, græcè.(Ediderunt And.
Asulanus et J. B. Opizo.) *Venetiis, in Ædibus
Aldi et Andr. Soceri,* 1525 , 5 vol. in-fol. vél.
Ch. M.

Parmi les notes manuscrites qui se trouvent en marge
des feuillets de cet exemplaire, il y en a quelques-unes
de M. Thurot.

257 Xenocratis et Galieni Excerpta, græcè, cum
commentariis Coray. *Parisiis , Eberart,* 1814,
in-8, demi-rel.

258 De l'Expérience en médecine, par Zimmermann (en allemand). *Zurich ,* 1777 , in-12,
demi-rel.

259 Dissertation sur l'éducation physique des enfans, par Ballexserd. *Paris,* 1762 , in-8, v. m.

260 De la Santé des gens de lettres, par Tissot.
Lausanne, 1768, p. in-8, v. m.

261 Mémoires de la Société médicale d'émulation.
Paris, 1798-99, 2 vol. in-8.

262 Expériences sur la digestion de l'homme et
de différentes espèces d'animaux , par Spallanzani. *Genève,* 1785, in-8, demi-rel.

263 Système physique et moral de la Femme, par
P. Roussel , édition publiée par M. Alibert.
Paris, 1803, in-8.

264 Recherches physiologiques sur la Vie et la
Mort, par Bichat. — Traité des membranes en
général, et de diverses membranes en particulier, par le même. *Paris,* an VIII, 2 vol. in-8.

265 Traité médico-philosophique sur l'Aliénation mentale, par M. Pinel. *Paris*, 1809, in-8.

266 De l'Irritation et de la Folie, par M. Broussais. *Paris*, 1828, in-8.

267 Précis élémentaire de Physiologie, par M. Magendie. *Paris*, 1817, 2 vol. in-8.

268 Recherches sur la contagion de la Fièvre jaune, par MM. Bonneau et Sulpicy. *Paris*, 1823, in-8.

269 Leçons d'Anatomie comparée de Cuvier, recueillies et publiées par M. Duméril. *Paris*, an VIII, 5 vol. in-8, demi-rel.

VIII. Mathématiques.

270 Histoire des mathématiques, par Montucla, édition achevée par J. de Lalande. *Paris*, 1799-1802, 4 vol. in-4.

271 Essai sur l'histoire générale des mathématiques, par Ch. Bossut. *Paris*, 1802, 2 vol. in-8, v. rac.

272 Dictionnaire des sciences mathématiques, par d'Alembert, Bossut, de Lalande, Condorcet, etc. — Dictionnaire des jeux. *Paris*, 1784-1791, 4 vol. in-4, dont 1 de planches (*Partie de l'Encyclopédie méthodique*).

273 Euclidis elementorum libri XV, græcè et latinè. *Parisiis*, 1573, in-8, vel.

274 Lettres de Descartes, où sont traitées plusieurs questions touchant la morale, la physique, la

médecine et les mathématiques. *Paris*, 1667, 3 vol. in-4, v. br.

275 Usages de l'analyse de Descartes, par de Gua de Malves. *Paris*, 1740, in-12, v. m.

276 Arithmétique universelle, traduite du latin, de Newton , par Beaudeux. *Paris* , 1802 , 2 vol. in-4, v. j.

277 La langue des Calculs, par Condillac. *Paris*, an VI, in-8 , demi-rel.

278 Analyse des infiniment petits , par de l'Hospital. *Paris*, 1716, in-4, v. br.

279 Théorie des fonctions analytiques , contenant les principes du calcul différentiel , etc.; par J. L. Lagrange. *Paris*, an V, in-4, demi-rel.

280 Géométrie descriptive , par Monge. *Paris*, an VII, in-4, v. éc. fil.

281 Essais sur la théorie des nombres, par Legendre. *Paris*, an VI, in-4, demi-rel.

282 Elémens de mathématiques , par R. Martin. *Paris*, an X, in-8, demi-rel.

283 Introduction à l'analyse infinitésimale, trad. de l'allemand, de Leonar Euler, avec des notes , par Labey. *Paris*, 1796, 2 tom. en 1 vol. in-4, demi-rel.

284 Élémens d'algèbre, traduits de l'allemand d'Euler, avec notes et additions. *Lyon*, an III, 2 vol. n-8, v. j.

285 Elémens d'algèbre, par Clairaut. *Paris*, 1797, 2 vol in-8, demi-rel.

286 Complément des élémens d'algèbre, par S. F. Lacroix. *Paris*, 1801, in-8.

287 Tables de logarithmes contenant les logarithmes des nombres 1 jusqu'à 108,000, par F. Callet. *Paris*, 1795, gr. in-8, v. m.

288 Traité élémentaire du calcul des probabilités, par S. F. Lacroix. *Paris*, 1816. — Essai philosophique sur les probabilités, par le comte Laplace. *Paris*, 1814, in-8, demi-rel.

289 Traité des sections coniques, et autres courbes anciennes, par de La Chapelle. *Paris*, 1750, in-8, bas.

290 Partie pratique des élémens des nombres de la nature (en allemand). *Leipsig*, 1795, in-8, demi-rel.

291 Elémens de mathématiques et de physique, par K. M. Koumas, de Larisse (en grec moderne). *Vienne*, 1807, 8 vol. in-8, bas. j.

292 Discorsi e dimostrazioni matematiche, del signor Galileo Galilei Linceo. *Leida*, *Elzevirii*, 1638, in-4, vélin.

293 Nouvelle Mécanique des mouvements de l'homme et des animaux, par P. J. Barthez. *Carcassonne*, 1798, in-4, demi-rel.

294 Traité du Nivellement, par Picard. *Paris*, 1780, in-12, v. m.

295 Traité du mouvement des eaux, et des autres fluides, par Mariotte. *Paris*, 1718, in-12, v. br.

296 Métrologie, ou Tables pour servir à l'intelligence des poids, mesures et monnaies des an-

(34)

ciens, par M. Romé de l'Isle. *Paris*, 1789, in-4,
demi-rel.

297 Recueil de pièces sur le nouveau système des
poids et mesures. *Paris*, an II et ann. suiv.,
in-8, demi-rel.

IX. Astronomie, Optique.

298 Histoire de l'Astronomie ancienne, du moyen
âge, et moderne, par Delambre. *Paris*, 1815-
1821, 5 vol. in 4, fig.

299 De Revolutionibus orbium cœlestium Libri
VI, Nic. Copernici. *Norimbergæ*, 1543, p. in-fol.
demi-rèl.

300 Leçons élémentaires d'Astronomie géométri-
que et physique, par De la Caille. *Paris*, 1780,
in-8, v. m.

301 Le Globe Céleste, Cours d'Astronomie con-
templative, par Hennet. *Paris*, 1820, in-8.

302 Systema Cosmicum, Galilæo Galilæi authore,
ex italicâ linguâ latinè conversum. *Augustæ-
Treboc.*, 1635, in-4, vél.

303 Introductiones ad veram Physicam et veram
Astronomiam, quibus accedunt Trigonome-
tria, etc., auct. J. Keill. *Lugd-Bat.*, 1739, in-4,
v. m.

304 Observation et description des étoiles et du
mouvement de la sphère céleste, de Claude
Ptolémée, astronome d'Alexandrie, avec des
éclaircissemens, par Bode (en allemand). *Berlin*, 1795, in-8.

3o5 Jo. Newtoni Optices Libri Tres ; accedunt
ejusdem lectiones Opticæ. *Patavii*, 1749, in-4,
v. m.

3o6 Traité d'Optique, trad. de l'angl. de Smith,
par Duval-le-Roy. *Brest*, 1767, in-4, v. m.

3o7 Leçons élémentaires d'Optique, par De la
Caille. *Paris*, 1766, in-8, v. m.

X. Art Militaire, Beaux-Arts.

3o8 Du commandement de la Cavalerie, et de
l'Équitation, par Xénophon, trad. par un offi-
cier d'artillerie à cheval (**P.** Courier) avec le
texte grec. *Paris* (1812).— Notice sur cet ouvrage, par M. Chardon de la Rochette. — Ier
livre de l'Iliade d'Homère, publié(en grec) avec
des notes, par M. Coray. *Paris*, 1811.— Facéties d'Hiéroclès, trad. par P. Courier, avec le
texte grec. *Paris*, 1812: 1 vol. in-8, demi-rel.

3o9 Polyæni Strategematum, libri VIII, græcè (ed.
Coray). *Parisiis, Éberart*, 1809, in-8, demi-rel.

3io S. J. Frontini Strategematicon libri IV, cum
notis Variorum, curante F. Oudendorpio. *Lugd.-
Batav.*, 1779, in-8, cart. non rogné.

3ii Flavii Vegetii de re militari libri V, cum commentariis G. Stewcchii. *Antuerpiæ*, 1585, in-4,
v. br.

3i2 Institutions militaires de Végece (trad. en
françois par Cl. Guill. Bourdon de Sigrais).
Amsterd., 1744, p. in-8, bas.

313 Histoire de l'Art chez les anciens, trad. de l'allemand de Winkelmann (par Huber). *Paris,* an XI, 2 vol. in-4, fig. demi-rel.

314 M. Vitruvii Pollionis de Architecturâ libri X, curante societate Bipontinâ. *Argentorati,* 1807, in-8, cart.

315 Élémens de Musique, par d'Alembert. *Lyon,* 1772, in-8, bas.

316 Poétique des Arts, ou Cours de Peinture et de Littérature comparés, par J. F. Sobry. *Paris,* 1810, in-8.

BELLES-LETTRES.

I. Introduction, et Cours d'Études.

317 Plan d'Éducation publique, par l'abbé Coyer. *Paris,* 1770, in-12, bas. — Recherches sur le Style, par Beccaria. *Paris,* 1771, in-12.

318 Éducation pratique, trad. de l'anglais, de Maria Edgeworth, par Ch. Pictet. *Genève,* 1803, 2 vol. in-8.

319 Essais sur l'Enseignement en général et sur celui des Mathématiques en particulier, par S. F. Lacroix. *Paris,* 1816, in-8, demi-rel.

320 Essai sur l'Instruction des Aveugles, par M. Guillié. *Paris,* 1817, in-8.

321 Principes de la Littérature, par Batteux. *Paris,* 1764—88, 6 vol. in-12, v. m.

322 Elémens de Littérature, par Marmontel. *Paris*, 1787, 6 vol. in-12, bas.

323 Cours d'Etudes, par Condillac. *Genève*, 1789,
16 vol. in-12, demi-rel.

324 Séances des Ecoles Normales, recueillies par
des Sténographes, et revues par les Professeurs.
Paris, 1800 — 1801, 14 vol. in-8, dont 1 de
planches.

II. ORIGINE, FORMATION ET ÉTUDE DES LANGUES.

325 A Cours of Lectures on Elocution, with dissertations on Language, by T. Sheridan. *London*,
1762, in-4, v. éc. fil.

326 La Mécanique des Langues et l'Art de les en-
seigner, par Pluche. *Paris*, 1751, in-12, v. b.

327 Essai Synthétique sur l'origine et la formation des Langues (par Copineau). *Paris*, 1774,
in-8, v. m.

328 Traité de la Formation mécanique des Langues et du principe physique de l'Etymologie,
(par de Brosses). *Paris*, an IX, 2 vol. in-12,
demi-rel.

329 Monde Primitif, analysé et comparé avec le
Monde Moderne, par Court de Gébelin. *Paris*,
1773 — 82, 9 vol. in-4, v. m.

330 Of the Origin and Progress of Language.
Edinburgh, 1773 — 87, 4 vol. in-8, v. fil.

331 G. Sharpe's Dissertations upon the origin
and structure of the latin and greek tongue;—

Letters containing a new and easy method of learning the hebrew language. — An hebrew Lexicon containing all the primitive words in hebrew, with their various significations. *London*, 1751, 5 part. en 1 vol. in-8, v. f.

332 Méthode pour l'Enseignement des Langues, par M. J.-J. Ordinaire. *Paris*, 1821, in-12.

III. Traités sur la Grammaire en général.

333 Lettre à M. Abel-Rémusat sur la nature des formes grammaticales en général, et sur le génie de la Langue Chinoise en particulier ; par M. de Humboldt. *Paris*, 1827, gr. in-8.

334 Dictionnaire de Grammaire et Littérature, par Marmontel, Beauzée, etc. *Paris*, 1782—86, 3 vol. in-4, cart. (*Encycl. Méth.*)

335 Ger. Joan. Vossii Aristarchus, sive de arte Grammaticâ Libri VII. *Amstelod.*, 1662, 2 vol. in-4, v. br.

336 Bibliothéque Grammaticale abrégée, ou Nouveaux Mémoires sur la Parole et sur l'Écriture, par Changeux. *Paris*, 1772, p. in-8, bas.

337 Hermès, ou Recherches philosophiques sur la Grammaire générale, par Harris, trad. en allemand par Wolf. *Halle*, 1788, in-8.

338 Anti-Hermès, ou Recherches philosophiques sur la Parole humaine et les Élémens de la Grammaire générale, par G. M. Roth (en allemand). *Leipsic*, 1795, in-12.

339 Mithridate, ou Connaissance générale des Langues, par Adelung (en allemand). *Berlin*, 1806, 3 vol. in-8.

340 Élémens de Grammaire générale, par J. S. Vater (en allemand). *Halle*, 1805, 2 vol. in-12, demi-rel.

341 L'Alphabet Européen appliqué aux Langues Asiatiques, par Volney. *Paris*, 1809, in-8.

IV. GRAMMAIRES ET DICTIONNAIRES.

1. *Langue Hébraïque.*

342 Nouvelle Méthode (dite de Port-Royal) pour apprendre les langues hébraïque et chaldaïque, avec le Dictionnaire des racines hébraïques et chaldaïques (par J. Renou ; publiée par le P. Lelong). *Paris*, 1708, in-8, v. br.

343 Grammaire hébraïque, par J. D. Michaëlis (en allemand). *Halle*, 1778, in-8.

344 Græca et latina lingua hebraïzantes, seu de græcæ et latinæ linguæ cum hebraicâ affinitate, cui accedit brevis tractatus de linguæ italicæ Hebraismis, auctore P. M. Ogerio. *Venetiis*, 1764, in-8, demi-rel.

345 L'Hébreu simplifié, par la méthode alphabétique de C. F. Volney. *Paris*, 1820, in-8.

2. *Langue Grecque.*

346 Th. Chr. Harles Introductio in historiam

linguæ græcæ. *Altenburgi* , 1792 , 3 vol. in-8, demi-rel.

347 L. C. Valkenaerii observationes Academicæ , quibus via munitur ad origines græcas investi-gandas , etc. , et J. D. à Lennep prælectiones Academicæ de analogiâ linguæ græcæ , etc., recensuit Ev. Scheidius. *Trajecti ad Rhenum* , 1790, in-8, v. rac. fil.

348 Apollonii Alexandrei de constructione, Magni Basilii de grammaticâ exercitatioue , græcè. *Florentiæ*, *Philip. Juntæ*, 1515, in-8, vel.

Ce vol. porte la signature de Chardon de la Rochette.

349 Th. Gazæ Institutionis Grammaticæ libri IV (græcè) cum versione latinâ. *Parisiis* , 1529 , in-8, v. br.

350 Tabulæ monstrantes viam quâ itur recta in Græciam ; nimirùm paucis complectentes sum-mam universæ litteraturæ Græcorum , Renato Guillonio auctore. *Parisiis*, 1567, in-4, vél.

351 N. Clenardi Institutiones ac meditationes in græcam Linguam. *Hanoviæ*, 1602, in-4, v. br.

352 Universa Grammatica græca per Alex. Scot. *Lugduni*, 1605 , in-8, v. br.

353 Rudimenta græcæ linguæ, ad postremam Ra-meæ editionem conformata, auct. Frid.-Sylb. Veterano. *Francofurti*, 1582, in-8 , vél.

354 Institutiones Græcæ linguæ, à Nic. Clenardo. *Lugd.-Bat.*, 1632, in-8, vél.

355 Compendiaria græcæ grammatices Institutio. *Patavii*, 1735, in-8 , vel.

356 Spicilegium technologicum græcismi , sive grammatica græca , per quæstiones et responsiones (gr. et lat.) op. et stud. Alex. Helladii. *Noribergæ*, 1712, in-8.

357 Jo. Chr. Struchtmeyeri Rudimenta linguæ græcæ, maximam partem excerpta ex Jo. Verweyi novâ viâ docendi Græca; emendavit Ev. Scheidius. Accessit etiam Ev. Lubini Clavis linguæ græcæ. *Zutphaniæ*, 1784, in-8, demi-rel.

358 Jac. Welleri Grammatica græca nova ; curavit Jo. Frid. Fischerus. *Lipsiæ*, 1781, in-8 , v. rac. fil.

359 Animadversionum ad Jac. Velleri Grammaticam græcam Specimina III , auctore Jo. Frid. Fischero. *Lipsiæ*, 1798, 4 tom. en 2 vol. in-8 , demi-rel.

360 God. Hermanni de emendandâ Ratione græcæ grammaticæ; accedunt Herodiani aliorumque libelli nunc primùm editi. *Lipsiæ*, 1801, in-8, demi-rel.

361 Tractatus de græcorum elementorum pronunciatione, auct. Anast. Georgiade (græcè et latinè). *Parisiis*, 1812, in-8, demi-rel. non rogné.

362 Ammonius, de adfinium vocabulorum differentiâ (græcè); accedunt Eranius Philo , de differentiâ significationis; Lesbonax, de figuris grammaticis; incerti Scriptores, de solæcismo et

barbarismo; Lexicon de spiritibus dictionum.
ex emendat. et cum notis et animadversionibus
Lud. Casp. Valckenaer. *Lugd. - Bat.*, 1739, in-
4 , demi-rel.

363 Pleonasmi græci, auctore B. Weiske. *Lipsiæ*,
1807, in-8, demi-rel.

364 Tractatus de Dialectis Græcorum principali-
bus, ex optimis grammaticis, methodo discen-
tibus aptissima , dispositus à Er. Schmidt. *Argentorati,* 1711, in-8, cart.

365 Gregorii Corinthii et alior. grammaticorum
libri de dialectis linguæ græcæ, quibus additur
Manuelis Moscopuli liber de vocum passionibus;
recens. ex et cum notis Gisb. Kœnii, Fr. Jac. Bas-
tii, Jo. Fr. Boissonadi suisque edidit God. Henr.
Schaefer. *Lipsiæ*, 1811, in-8, bas. rac.

366 Mich. Maittaire græcæ linguæ Dialecti; post
J. Frid. Reitzium, totum opus recensuit, emendavit, auxit F. G. Sturtzius. *Lipsiæ* , 1807 ,
in-8, demi-rel.

367 Fr. Vigeri de præcipuis græcæ dictionis Idio-
tismis liber, cum animadversionibus Hooge-
veeni et J. Car. Zeunii, edidit et adnotationes
addidit God. Hermannus. *Lipsiæ*, 1802 , in-8 ,
demi-rel.

368 Dionysii Halicarnassensis de compositione
verborum liber (græcè et latinè), cum priorum
editorum suisque annotationibus edidit God.
Hen. Schaefer. *Lipsiæ*, 1808, in-8, v. gr. fil.

369 Mat. Devarii liber de græcæ linguæ particulis;

emendavit et notas addidit J. G. Reusmann. *Lipsiæ*, 1775, in-8, v. m.

370 H. Hoogeveen Doctrina particularum linguæ græcæ : in epitomen redegit Chr. God. Schütz. *Lipsiæ*, 1806, in-8, demi-rel.

371 Lamb. Bos Ellipses græcæ, cum priorum editorum suisque observationibus edidit God. H. Schaefer. *Lipsiæ*, 1808, in-8, demi-rel.

372 Dan. Vechneri Helleno-Lexias, sive parallelismi græco-latini ; recensuit, supplementis Lipsii, notisque illustravit Mich. Heusinger. *Gotha*, 1733, in-8, demi-rel.

373 Martini Bulandi Synonymia latino - græca. *Colon.-Allobr.*, 1612, in-8, vel.

374 Jul. Pollucis Onomasticum (græcè et latinè), cum commentariis et notis Variorum , curâ et cum notis J. H. Lederlini et T. Hemsterhuisii. *Amstelod.*, 1706, 2 vol. in-fol. v. br.

375 Gulielmi Budæi commentarii linguæ græcæ. *Parisiis*, 1529, in-fol. v. br.

376 H. Stephani Thesaurus græcæ linguæ (cum appendicibus). *Parisiis*, excudebat *H. Stephanus*, 1572, 5 tom. en 4 vol. in-fol. vél.

377 V. Harpocrationis Lexicon decem oratorum (græcè et latinè); N. Blancardus emendavit, disposuit, latinè vertit, etc. Subjiciuntur Ph. J. Maussaci notæ, etc. ; accesserunt H. Valesii animadversiones. *Lugd. - Batav.* , 1683 , in-4, v. br.

378 Suidæ Lexicon (græcè et latinè), ex recensione

et cum notis Lud. Kusteri. *Cantabrigiæ* , 1705, 3 vol. in-fol. v. br. Ch. M.

379 Hesychii Lexicon, (græcè), cum notis Variorum, ex recensione et cum animadversionibus J. Alberti. *Lugd.-Batav.* , 1746-66, 2 vol. in -fol. v. br. Ch. M.

380 Hesychii Lexicon, sive supplementa ad Hesychii editionem Albertinam, auctore N. Schow. *Lipsiæ*, 1812, in-8.

381 J. Toup Emendationes in Suidam et Hesychium, et alios lexicographos græcos. *Oxonii*, 1790, 4 vol. in-8, v. acaj. dent. d. s. tr.

382 Thomæ Magistri Atticorum nominum Eglogæ, græcè, cum notis Variorum, ex dispositione Nic. Blancardi , curâ J. S. Bernard. *Lugd.-Batav.*, 1757, in-8, vél.

383 J. Dan. à Lennep Etymologicum linguæ græcæ ; edit. curavit , atque animadversiones adjecit Ev. Scheidius. *Trajecti ad Rhen.*, 1790, 2 vol. in-8, v. rac. fil.

384 Glossarium ad Scriptores mediæ et infimæ Græcitatis, auct. Car. Dufresne , D. Ducange. *Lugduni*, 1688, 2 vol. in-fol. v. br.

385 Mœridis Atticistæ Lexicon Atticum, græcè, cum notis Variorum, edidit J. Piersonus; accedit Ælii Herodiani Philetærus. *Lugd.-Batav.*, 1759, in-8, demi-rel.

386 K. M. Koumas Lexicon græcum. *Viennæ-Austriæ* , 1826 , 2 tom. en 1 vol. gr. in-4 , demi-rel.

387 Manuale græcum vocum Novi Testamenti ,
auctore Georg. Pasore. *Amstel.* , 1756, p. in- 12,
bas.

388 J. Frid. Schleusner novum Lexicon græco-
latinum in Novum Testamentum ; congessit et
variis observationibus philologicis illustravit
Schleusner. *Lipsiæ* , 1819, 2 vol. in-8, demi-rel.

389 Nouvelle Méthode (dite de Port-Royal) pour
apprendre la langue grecque (par Lancelot,
Arnauld et Nicole). *Paris*, 1658, in-8, v. br.

390 Théorie de la Grammaire et de la langue
grecque, par Minoïde Mynas. *Paris*, 1827, in-8.

391 Essai sur les moyens de faciliter l'étude du
grec et du latin, par M. Fririon. *Paris* , 1826,
in-8. — Essai sur la langue grecque, par M. Gres-
set. *Paris*, 1825, in-8.

392 Méthode pour étudier la langue grecque moderne, par M. Jules David. *Paris*, 1821 , in-8,
bas rac.

393 Dictionnaire grec–français, par M. Planche.
Paris, 1809, gr. in-8, parch.

394 Dictionnaire grec–français, composé sur un
nouveau plan, par M. Alexandre. *Paris*, 1830,
gr. in-8 , demi-rel.

395 Lexique français-grec, par M. Lécluse. *Paris*,
1823, in-8.

596 Dictionnaire français-grec, par MM. Planche,
Alexandre et Defauconpret. *Paris*, 1828, in-8,
bas. rac.

597 Sur la Langue et l'Histoire des plus anciens

temps de la Grèce par Hézel (en allemand).
Leipsic, 1795, in-8, demi-rel.

398 Grammaire grecque détaillée, par Hézel (en
allemand). *Leipsic*, 1795, in-8, vel.

399 Grammaire grecque, par Buttmann (en allemand). *Berlin*, 1805, in-8, demi-rel.

400 Grammaire grecque de Buttmann, trad. de
l'allemand en grec moderne, par Et. OEconome.
Vienne, 1812, in-8, cart.

401 Leçons sur l'accent de la langue grecque, par
Wagner (en allemand). *Helmstadt*, 1807, in-8,
demi-rel.

402 Grammaire grecque complète, par Fred.
Hulseman (en allemand). *Leipsic*, 1802, 2 vol.
in-8, demi-rel.

403 Grammaire grecque complète, par Ag. Matthiæ (en allemand). *Leipsic*, 1807, 1 vol.
in-8, demi-rel.

404 Grammaire élémentaire du grec moderne,
par Schmidt (en allemand). *Leipsic*, 1808, 1
vol. in-8, br.

405 Dictionnaire grec, allemand, italien, par D.
Karl. Meigel. *Leipsic*, 1796, in-8, demi-rel.

406 Dictionnaire allemand grec, par Karl. Meigel.
Leipsic, 1804, in-8, demi-rel.

2. *Langue Latine.*

407 Fr. Sanctii Minerva, sive de causis latinæ
linguæ Commentarius, cui accedunt animadversiones et notæ Gasp. Scioppii, et longè

uberiores J. Perizonii. *Franequeræ* , 1687, in-8,
v. brun.

408 J. Vorstii de Latinitate falsò et meritò sus-
pectâ libri. *Franequeræ*, 1698, 2 tom. en 1 vol.
in-8, vel.

409 M. Ter. Varronis de linguâ latinâ libri, cum
notis Variorum. *Biponti*, 1788, 2 vol. in-8, cart.

410 Chr. Cellarii Orthographia latina, ex vetustis
monumentis, necnon recentium ingeniorum curis excerpta et illustrata, denuò recensuit Theo.
Chr. Harlès, cum præfatione Chr. Adol. Klotzii.
Altenburgi, 1768, 2 tom. en 1 vol. in-8, demi-
rel.

411 Imm. Jo. Ger. Schelleri Compendium præ-
ceptorum styli benè latini, inprimis Ciceroniani
seu Eloquentiæ latinæ declarandæ. *Lipsiæ* ,
1785, in-8, demi-rel.

412 Gasp. Scioppii Grammatica philosophica.
Amstelod., 1685, in-8, vel.

413 Ger. Jo. Vossii Grammatica latina. *Lugd.-
Batav.*, *ex officinâ Elzeviriana*, 1644, in-8, v. br.

414 Nouvelle Méthode (dite de Port Royal) pour
apprendre la Langue latine (par Lancelot ,
Arnauld et Nicole). *Paris*, 1694, in-8, v. br.

415 Sex. Pompei Festi et Mar. Verrii Flacci de Verborum significatione , lib. XX , notis et emendationibus illustravit Andr. Dacerius , in usum
Delphini; accedunt notæ Jos. Scaligeri, Frid.
Ursini, et Ant. Augustini. *Amstelodami*, 1699 ,
in-4, v. br.

416 Ausonii Popmæ de differentiis verborum.—
Ejusdem de usu antiquæ locutionis Lib. II;
accedit Chr. Cellarii antibarbarus. *Neapoli*,
1779, 2 vol. in-8, demi-rel.

417 Chr. God. Schütz Doctrina particularum
latinæ linguæ; accedit ratio consecutionis tem-
porum ac modorum. *Lipsiæ*, 1788, in-8.

418 Thesaurus Ellipsium latinarum, auct. El. Pa-
lairet. *Londini*, 1760, in-8, v. m.

419 Les Ellipses de la Langue latine, par Fur-
gault. *Paris*, 1780. — Grammaire Française
simplifiée, élémentaire, par Domergue. *Paris*,
1791 : 2 part. en 1 vol. in-12, demi-rel.

420 Synonymes latins, par M. Gardin Dumesnil.
Paris, 1788, in-8, v. m.

421 Ger. Jo. Vossii Etymologicon linguæ latinæ,
et de Litterarum permutatione Tractatus. *Amstelodami, L. et D. Elzevirii*, 1662, in-fol. v. br.

422 Totius Latinitatis Lexicon, consilio et curâ
Jac. Facciolati, studio Ægidii Forcellini. *Patavii*, 1771, 4 vol. in-fol. v. m.

423 Jo. Frid. Noltenii Lexicon latinæ linguæ
anti-barbarum, quadripartitum. *Lipsiæ*, 1747-
1768, 2 vol. in-8.

424 Basilii Fabri Thesaurus eruditionis scholas-
ticæ, curante Andr. Stubellio. *Lipsiæ*, 1717,
in-fol. v. b.

425 Glossarium ad Scriptores mediæ et infimæ
Latinitatis, auct. Car. Dufresne, Dom. Ducange.
Parisiis, 1733, 6 vol. in-fol. v. br.—Supplemen-

tum, curante D. P. Carpentier. *Parisiis*, 1766, 4 vol. in-fol. v. b. Ch. M.

426 Dictionnaire universel latin-françois, dit de Trévoux. *Paris*, 1771, 8 vol. in-fol. v. m.

427 Dictionnaire des Commençans, français-latin. *Paris*, 1825, in-8, demi-rel., non rogné.

Intercalé de papier blanc.

3. *Langue Française.*

428 Remarques sur la Langue françoise, par d'Olivet. *Paris*, 1783, in-12, bas.

429 Le Génie, la Politesse, l'Esprit et la Délicatesse de la Langue Françoise (par Leven de Templery). *Paris,* 1705, in-12, v. br.

Ce vol. porte la signature de Chardon de La Rochette.

430 Grammaire générale et raisonnée de Port-Royal, par Arnauld et Lancelot, publiée par M. Petitot. *Paris,* 1813, in-8.

431 Traité de la Grammaire Françoise, par Régnier-Desmarais. *Paris*, 1706, in-4, v. br.

432 Grammaire, ou Leçons d'un père à ses enfans, sur la Langue Française; par Marmontel. *Paris*, 1806, in-12, demi-rel.

433 Nouveaux Synonymes françois, par Roubaud. *Paris*, 1785, 4 vol. in-8, v. m.

434 Nouveaux Synonymes français, par Mlle Faure. *Paris*, 1819, in-12. — Études analytiques sur les diverses acceptions des mots français, par la même. *Paris,* 1829, in-12.

455 Élémens de la Langue des Celtes Gomérites,
ou Bretons, par Le Brigant. *Strasbourg*, 1779,
in-8.

436 Dictionnaire étymologique des Mots français
dérivés du grec, par M. Morin. *Paris*, *Impr.*
Imp., 1809, 2 vol. in-8.

437 Glossaire de la Langue romane, par M. Ro-
quefort. *Paris*, 1808, 2 vol. in-8.

4. *Langues Italienne et Espagnole.*

438 Della Lingua Toscana, libri II, da Ben. Buom-
mattei. *Firenze*, 1643, in-4, vel.

439 La Filologia, ovvero le regole della Grama-
tica Italiana. *Nantes*, an XI, in-8.

440 Vocabolario degli Accademici del a Crusca.
In Venezia, 1741, 3 vol. in-4, parch. vert.

441 Gramática de la Lengua castellana, compuesta
por la Real Academia española. *Madrid, Ibarra,*
1771, in-8, vel.

442 Ortografia de la Lengua castellana, compuesta
por la Real Academia española. *Madrid , Ibarra,*
1779, in-8, vel.

443 Grammaire Espagnole, composée sur celle de
l'Académie Espagnole, par J. G. de Pellizer.
Paris, 1786. — Prononciation française, déter-
minée par des signes invariables, par E. Domergue. *Paris*, an V. — Vocabulaire alphabétique,
par ordre de sons, ou Peinture méthodique de
tous les sons de la Langue française, par C. F.
Jh. Fontaine. *Paris*, 1795: 1 vol. in-8, demi-rel.

5. *Langues allemande, anglaise, etc.*

444 Nouveaux Secours pour la connaissance approfondie de la Langue allemande (en allemand), par J. Ern. Stosch. *Berlin*, 1798, in-8.

445 Dictionnaire de la Langue allemande (en allemand). *Leipsic*, 1798, 1 vol. in-8, oblong, demi-rel.

446 Nouveau Dictionnaire complet, à l'usage des Allemands et des Français, par l'abbé Mozin, Biber et Hölder. *Stuttgart*, 1811, 2 vol. gr. in-4, demi-rel.

447 Grammaire allemande d'Adelung (en allemand). *Leipsic*, 1782, 2 vol. in-8, v. rac.

448 Sur la Formation des substantifs et des adjectifs, par Ramler (en allemand). *Berlin*, 1796, in-8, demi-rel.

449 Petite Grammaire grecque à l'usage des écoles (en allemand). *Halle*, 1805, 1 vol. in-12, demi-rel.

450 Grammaire latine de Scheller (en allemand) *Leipsic*, 1790, in-8, demi-rel.

451 J. Christoph. Adelungii Grammatica Theodisca scholis conscripta (latinè et germanicè). *Lipsiæ*, 1798, in-8, demi-rel.

452 Phraseologia anglo-germanica, or collection of phrases collected from english Classiks, translated into German, with a vocabulary, by F. W. Haussner. *Strasburgh*, 1798, gr. in-8, cart. non rogné.

453 English Etymology ; or, a derivative Dictio-
nary of the english language, in two alphabets,
from the greek, latin, saxon , and northern
languages, by Georg. William Lemon. *London,*
1793, in 4, demi-rel.

454 Purley's diversions, by J. Horne Tooke. *Lon-*
don, 1798, in-4, cart.

455 Dissertation on the english verb , by James
Pickbourn. *London,* 1789, in-8 , cart.

456 Recentissima antiquissimæ linguæ septen-
trionalis Incunabula , id est : Grammaticæ
Islandicæ rudimenta, per Runolphum Jonam.
Oxoniæ , 1688, in-4, mar. r.

Exemplaire provenant de l'abbé Barthélemy, ainsi que
l'indique une note signée de M. Thurot.

457 Wotton's short View of G. Hickes's treasury
of the ancient Northern languages ; with some
notes of Maurice Shelton. *London,* 1737, in-4,
v. f.

III. Rhétorique, Eloquence.

1. *Orateurs grecs.*

458 P. Victorii commentarii in tres libros Aristotelis de Arte dicendi. *Florentiæ, ex offic. Jun-*
tarum, 1579, in-fol. v. fil.

459 Rhétorique d'Aristote, trad. du grec (par
Cassandre). *Amsterdam,* 1698, in-12, v. b.

460 La Rhétorique d'Aristote, grec-français, avec

(53)

des notes et un index ; par M. Gros. *Paris*,
1822, in-8.

461 Demetrii de Elocutione.Liber, græcè; curavit
Jo. Gott. Schneider. *Altenburgi*, 1779, in-8.

462 Dion. Longini de Sublimitate, græcè et latinè; denuò recensuit et animadversionibus virorum doctorum aliisque subsidiis instruxit Ben.
Weiske. *Lipsiæ*,1809, in-8, v. rac. dent.

463 Lysiæ Opera, græcè, cum notis Variorum,
curante Jo. Jac. Reiske. *Lipsiæ*, 1772 , 2 vol.
in-8, cart.

464 Isocratis Opera quæ exstant omnia (græcè)
emendavit, varietate lectionis, animadversionibus crit. , summario et indice instruxit Wilh.
Lange. *Halis Saxonum*, 1803, in-8, v. rac.

465 Isocratis Opera (græcè) ed. Coray.*Parisiis, F.
Didot*, 1807, 2 vol. in-8, v. rac.

466 Isocratis Panegyricus (græcè), cum animadversionibus D. Sam. Fr. Nath. Mori. *Lipsiæ*,
1786, in-8. demi-rel.

467 Demosthenis et Æschinis Opera , græcè et
latinè, cum utriusq. autoris vitâ et Ulpiani commentariis, variis lectionibus et annotationibus
illustrata per Hier. Wolfium. *Basileæ*, 1572,
in-fol. v. br.

468 Demosthenis et Æschinis Opera (græcè). *Lipsiæ*, 1812, 6 tom. en 3 vol. in-18, v. éc. fil.

469 Apparatus criticus et Indices in Demosthe-
nem, auct. Hier. Volfio, Jo. Tayloro, et D. Jo.
Jac. Reiske. *Lipsiæ*, 1754 — 75, 4 vol. in-8.

470 Demosthenis Orationes Philippicæ omnes,
(græcè) cum interpretatione et notis Libanii
Sophistæ. *Dublinii* , 1754, 2 vol. in-8, v. f.

471 Demosthenis Oratio adversus Leptinem, cum
scholiis et commentario : accedit Ælii Aristidis
declamatio ejusdem caussæ (græcè et latinè),
curante Frid. Aug. Wolfio. *Halis - Saxonum* ,
1789, in-8 , demi-rel.

472 Æschinis in Ctesiphontem et Demosthenis de
Coronâ Oratio (græcè et latinè) : interpret. latinam illustr. P. Toulkas et J. Freind. *Oxonii*,
1696, in-8, v. br.

473 Demosthenis Oratio de Coronâ (græcè et latinè) cum notis Variorum, edidit Th. Chr. Harles. *Altemburgi* , 1769, in-8, demi-rel.

474 Demosthenis Oratio de Coronâ, gr. et lat., ed.
Jo. Ph. Jannet. *Parisiis*, 1808, in-12.

475 Demosthenis et Æschinis de falsâ legatione
Orationes (gr.) cum lat. vers. Hier. Wolfii, necnon Budæi aliorumque notis. *Oxonii*, 1721 ,
in-8, v. m. fil.

476 Demosthenis Oratio de Pace (græcè) ; accedunt notæ, scholiæ et Andreæ Dunæi prælectiones ; curavit Chr. Dan. Beckius. *Lipsiæ* , 1799,
in-8, demi-rel.

477 Æschinis Opera, græcè, cum notis Variorum,
curante Jo. Jac. Reiske. *Lipsiæ* , 1771 , 2 vol.
in-8, cart.

478 Harangue de Lycurgue contre Léocrate, pu-

bliée en grec et en français, par M. Coray. *Paris,
Eberart*, 1826, in-8, demi-rel.

479 Himerii sophistæ Eclogæ et declamationes,
(gr. et lat.) recensuit Gott. Wernsdorfius. *Gottingæ*, 1790, in-8, cart.

480 Themistii orationes XXXIII (græcè); Dion.
Petavius latinè reddidit ac notis illustravit :
access. notæ et observationes Jo. Harduini.
Parisiis, è typ. reg., 1684, in-fol. cart. non rogné.

481 Juliani Imperatoris in Constantii laudem oratio (græcè et latinè), cum animadversionibus
Dan. Wittenbachii; accedit ejusdem epistola
critica ad Dav. Ruhnkenium ; græcè recensuit,
notationem criticam indicesque adjecit G. H.
Schæfer. *Lipsiæ*, 1802, in-8, vel.

482 Apollonii Alexandrini de constructione orationis, libri quatuor (græcè), ex recensione
Immanuelis Bekkeri. *Berolini*, 1817, in-8,
demi-rel. non rogné.

483 De arte Rhetoricâ, libri III, auct. Const.
OEconomo (græcè). *Viennæ*, 1813, in-8.

484 De arte Rhetoricâ : ex antiquis et profanis
rhetoribus excerpta, in græcum hodiernum
translata, auct. Bamba. *Parisiis*, 1813, in-8.

485 Lexicon Technologiæ Græcorum Rhetoricæ;
animadvers. illustravit Jo. Chr. Th. Ernesti.
Lipsiæ, 1795, in-8.

2. *Orateurs Latins.*

486 Rudolphi Rathii de Elocutionis Romanæ præceptis, libri tres. *Halæ,* 1798, in-8.

487 Conciones et Orationes ex Sallustii, T. Livii,
Taciti et Q. Curtii historiis collectæ. *Parisiis,*
1822, in-18.

488 M. T. Ciceronis Opera omnia, curâ et cum
notis Jani Guliel. et Jani Gruteri, ex recognit.
Jac. Gronovii. *Lugd.-Batav.,* 1692, 11 vol. in-
12, vélin.

489 Jo. Aug. Ernesti Clavis Ciceroniana, sive indices in opera Ciceronis. *Halæ,* 1777, in-8,
demi-rel.

490 Jo. Aug. Ernesti præfationes et notæ ad Ciceronis opera. *Halæ,* 1806, in-8.

491 Œuvres complètes de Cicéron, trad. en franç.
avec le texte en regard. *Paris, Fournier,* 1816-
1818, 31 vol. in-8, demi-rel.

492 M. T. Ciceronis orationes quatuor; recognovit,
animadv. integras J. Marklandi et J. M. Gesneri suasque adjecit Frid. Aug. Wolfius.
Berolini, 1801, in-8.— M. T. Ciceronis Dialogi
tres de Oratore, animadversiones interpretum
excerpsit suasque adjecit Theo. Chr. Harles.
Norimbergæ, 1776, in-8, v. m.

493 Annæi Senecæ rhetoris Opera. *Biponti,* 1783,
in-8, cart.

494 M. F. Quintiliani Institutiones Oratoriæ, cum

notis Variorum. *Lugd. - Batav.*, 1665, 2 vol. in-8, v. br.

495 Fab. Quintiliani de institutione oratoriâ libri XII, curante. G. Lud. Spalding. *Lipsiæ*, 1798-1808, 3 vol. in-8, cart.

496 Panegyrici veteres latini, cum interpret. et not. Jac. de la Baune, ad usum Delphini. *Parisiis*, 1676, in-4, v. br.

497 Dialogus de Oratoribus, sive de caussis corruptæ eloquentiæ, vulgò Tacito inscriptus; illustravit Jo. H. Aug. Schulze. *Lipsiæ*, 1788, in-8, demi-rel.

498 P. Rutilii Lupi de figuris sententiarum et elocutionis libri duo; recensuit et adnotationes adjecit Dav. Ruhnkenius. *Lugd.-Batav.*, 1768, in-8, vel.

499 Sam. Werenfelsi de Logomachiis eruditorum, etc. *Amstelod.*, 1716, in-8, v. b.

5oo Lexicon Technologiæ Latinorum Rhetoricæ, animadvers. illustravit Jo. Christ. Theoph. Ernesti. *Lipsiæ*, 1797, in-8, demi-rel.

3. *Orateurs Français et Anglais.*

5o1 Discours choisis du chancelier d'Aguesseau. *Paris*, 1773, in-12, bas.

5o2 Éloges et Discours philosophiques (par Mercier). *Amsterd.*, 1776, in-8, bas.

5o3 Essai sur l'Éloquence de la chaire, Panégyriques, Eloges et Discours, par le C^{al} Maury. *Paris,* 1810, 2 vol. in-8, bas. rac.

504 Traité des Intonations oratoircs, par Du-broca. *Paris,* 1810, in-8.

505 Discours du Gal Foy, précédés d'une notice biographique, par M. Tissot. *Paris,* 1826, 2 vol. in-8, portr.

506 Discours de Benjamin-Constant à la Chambre des députés. *Paris,* 1828, 2 vol. in-8, portr.

507 The Philosophy of Rhetoric, by G. Campbell. *London,* 1777, 2 vol. in-8, cart.

IV. Poésie.

1. *Traités sur la Poésie des Hébreux, des Grecs et des Latins.*

508 De sacrâ poesi Hebræorum, auct. Rob. Lowth. *Oxonii,* 1775, in-8, v. f.

509 J. D. Michaelis in Roberti Lowth Prælectiones de sacrà poesi Hebræorum notæ et Epimetra. *Oxonii,* 1763, in-8, v. j. fil.

510 Poeseos Asiaticæ Commentariorum libri VI, auct. Guil. Jones, curâ Jo. Gott. Eichhorn. *Lipsiæ,* 1787, in-8, demi-rel.

511 Aristotelis de Arte poeticâ liber (gr. et lat.) cum commentar. God. Hermanni. *Lipsiæ,* 1802, in-8, cart.

512 De poematum cantu et viribus rythmi. *Oxonii,* 1773, in-8, v. éc. d. s. tr.

5r3 God. Hermanni de Metris poetarum Græcorum et Romanorum lib. III. *Lipsiæ*, 1796, in-8,
v. j. fil.

514 Zenobii Pop, de Metricà libri II (græcè).
Viennæ, 1803, in-8, demi-rel.

515 Manuel de la Métrique des poètes grecs, par
Gott. Hermann (en allemand). *Leipsic*, 1799,
in-12, demi-rel.

516 An Essay on the different nature of accent
and quantity, in the english, latin, and greek
languages, by Jo. Foster. *Eton*, 1763, in-8, v.
éc. fil. d. s. tr.

517 Ger. Jo. Vossii de veterum poetarum tempo-
ribus, libri II, qui sunt de poetis Græcis et
Latinis. *Amstel.*, 1662, in-4, v. br.

518 Histoire de la Poésie des Grecs et des Romains,
(en allemand) par Fréd. Schlegel. *Berlin*, 1798,
in-8.

2. *Poètes Grecs.*

519 Analecta veterum poetarum Græcorum, ed.
Rich. Fr. Phil. Brunckio. *Argentorati*, 1785,
3 vol. in-8, v. m.

520 Frid. Jacobs animadversiones in Epigrammata Anthologiæ græcæ, secundùm ordinem
Analectorum Brunckii. *Lipsiæ*, 1788, 2 vol. in-8.

521 Indices in Epigrammata quæ in Analectis
veterum poetarum à Brunckio editis reperiun-
tur, auct. Frid. Jacobs. *Lipsiæ*, 1795, in-8,
demi-rel.

(60)

522 Selecta poetriarum græcarum Carmina ;
adjecit earum vitas, animadversiones et indices
A. Schneider. *Giesæ*, 1802, in-8, demi-rel.

523 Carminum poetarum novem , lyricæ poeseos
principum fragmenta (gr. et lat.) (*Coloniæ-
Alloor.*) *Paul. Stephanus*, 1600, pet. in-12, vel.

524 Epigrammatum Græcorum libri VII, cum
annotationibus Jo. Brodæi, necnon Vinc. Or-
sopæi et H. Stephani. *Francofurti*, 1600, in-
fol. v. fil.

525 Gnomici poetæ græci; emendavit Rich. Fr.
Phil. Brunck. *Argentorati*, 1784, in-8, v. rac.
fil. d. s. tr.

526 Jo. Schaufelbergeri nova clavis Homerica,
cum Variorum annotationibus et scholiis.
Turici, 1761-65, 4 t. en 2 vol. in-8, demi-rel.

527 Jo. Georgii Berndtii Lexicon Homericum.
Stendaliæ, 1795, in-8, demi-rel.

528 Chr. Tob. Damm Novum Lexicon græcum
etymologicum. *Berolini*, 1765, in-4, gr. pap. ,
v. m. portr.

529 Apollonii Sophistæ Lexicon græcum Iliadis
et Odysseæ, ex editione Parisiensi repetiit, recensuit et illustr. Herm. Tollius. *Lugd.-Batav.*,
1788, in-8, v. rac. fil.

530 Eustathii in Homeri Iliadem et Odysseam
commentarii, cum indice (græcè). *Basileæ, Fro-
ben*, 1559, 3 vol. in-fol. bas.
Exemplaire avec des notes de M. Thurot.

531 Homeri opera (gr. et lat.) cum scholiis ,

notis, etc.,operâ Jos. Barnes. *Cantabrig.*, 1711,
2 vol. in-4. v. f. fil. d. s. tr.

532 Homeri opera omnia (græcè et latinè), ex
recensione et cum notis Sam. Clarkii; accessit
varietas lectionum, curâ Jo. Aug. Ernesti qui
et suas notas adspersit. *Lipsiæ*, 1759-64, 5 vol.
in-8, v. rac. fil.

533 Homeri opera omnia (græcè), ed. Frid.-Aug.
Wolf. *Halæ-Saxonum*, 1784-85, 2 vol. in-8,
v. rac.

534 Homeri Ilias, cum brevi annotatione et latinâ
interpretatione; accedunt variæ lectiones et
observationes veterum grammaticorum cum
nostræ ætalis criticâ, curante C. G. Heyne.
Lipsiæ, 1802, 8 vol. in-8, demi-rel.

535 Homeri Ilias (græcè), ad vet. Codicis Veneti
fidem recensita; scholia in eam antiquissima
nunc. prim. edidit J. B. Casp. d'Ansse de Villoison. *Venetiis*, 1788, in-fol. demi-rel.

536 Homeri Ilias, cum excerptis ex Eustathii
commentariis, separatim edidit Jo. Aug. Muel-
ler. *Misenæ*, 1788, 5 cahiers contenant les
chants 1, 2, 3, 9 et 22.

537 Homeri Iliadis libri I-IV, ed. Coray. *Parisiis*,
1811-1820, in-8, demi-rel. fig.

538 Homeri Odyssea, græcè, ex recensione F. A.
Wolfii. *Lipsiæ*, 1807, 2 tom. en 1 vol. in-8,
demi-rel.

539 Homeri hymnus in Cererem, nunc primùm
editus à D. Ruhnkenio, cum latinâ versione

H. Vossii ; accedunt duæ epistolæ criticæ, necnon R. Bentleii epistolæ duæ ad Hemsterhusium.
Lugd.-Batav., 1782, in-8, vel.

540 Homerici hymni, cum reliquis Carminibus
minor. Homero tribui solitis, et Batrachomyomachia; addita est Demetrii Zeni versio Batra-
chomyomachiæ, dialecto vulgari, et ex recens.
Car. Dav. Ilgen. *Halis-Saxonum*, 1796, in-8,
demi-rel.

541 Homeri hymni et Batrachomyomachia, denuò recensuit, auctario, animadversionum et
varietate lectionis instruxit atque latinè vertit
Aug. Matthiæ. *Lipsiæ*, 1805, in-8, demi-rel.

542 Homeri hymni et Epigrammata (græcè)
edidit God. Hermannus. *Lipsiæ*, 1806, in-8,
demi-rel.

543 Everhardi Feithii antiquitatum Homericarum
libri IV, editio nova, notis et indicibus aucta,
atque figuris illustrata. *Argentorati*, 1743, in-8,
v. b.

544 Quinti Smyrnæi posthomericorum lib. XIV,
ad librorum Mss. fidem recensiti, restituti et
suppleti à Th. Chr. Tychsen; acced. observationes Chr. Gott. Heynii. *Argentor.*, 1807,
in-8, cart.

545 L'Iliade et l'Odissée d'Homène, traduites par
M. Bitaubé. *Paris*, 1780-85, 6 vol. in-8, v. rac.
fil. d. s. tr.

546 L'Iliade, trad. en vers français, par M. Ai-
gnan. *Paris*, 1812, 2 vol. in-8.

547 Recueil des plus beaux endroits de l'Iliade
d'Homère, avec analyse et explications , par
Meineke (en allemand). *Erfurt,* 1806, in-8.

50 548 Deux dissertations sur Homère (en allemand);
1° sur la langue d'Homère considérée sous le
point de vue de son analogie avec la langue
des Enfans et du Peuple, par H. Nast ; 2° sur
les ressemblances homériques.—De Geographiâ
Homericâ commentatio Aug.-Guil. Schlegel.
Hanoveræ, 1788, in–12, demi-rel.

549 Hesiodi Ascræi quæ exstant (græcè et latinè)
cum notis Variorum ; accedit insuper Pasoris
index, operâ et studio Corn. Schrevelii. *Lugd.-
Batav.,* 1650, in-8, vel.

550 Hesiodi Ascræi opera (gr. et lat.) ex recens.
Th. Robinsoni, cum notis Variorum et Dan.
Heinsii introductione; accesserunt varietates lec-
tionis et Dav. Ruhnkenii animadversiones, curâ
Chr. Frid. Lœsner. *Lipsiæ,* 1778, in-8, v. rac.

551 Orphei quæ vulgò dicuntur Argonautica,
ed. Jo. Gott. Schneider. *Zenæ,* 1803, in-8,
demi-rel.

552 Anacreontis Carmina , græcè, ex recensione
Guill. Baxteri, edidit varietatemque lectionis,
fragmenta et animadversiones adjecit Jo. Frid.
Fischerus. *Lipsiæ,* 1783, in-8, demi-rel.

553 Pindari Carmina , cum lectionis varietate et
adnotationibus ; iterum curavit Chr. Gott.
Heyne. *Gottingæ,* 1798-99, 3 vol. in-8, v.
rac. fil.

554 Lycophronis Chalcidensis Alexandra (græcè et latinè) cum Is. Tzetzis commentariis; adjuncta est interpretatio versuum latina , per Gul. Canterum. *Coloniæ-Allobrogum* , 1601 , in-4, vel.

555 Theocriti reliquiæ (græcè et latinè) ex recensione et cum animadversionibus Th. Christ. Harles. *Lipsiæ*, 1780, in-8, v. rac. fil.

556 Theocriti decem Eidyllia , latinis pleraque numeris à Westenio reddita , cum notis Variorum , instruxit L. C. Walckenaer. *Lugduni-Batavorum*, 1810, in-8, cart.

557 Idylles de Théocrite, trad. en prose, en françois (par Chabanon). *Paris*, 1777, in-12, bas.

558 Idylles et autres poésies, de Théocrite, en grec, latin et français, trad. par J. B. Gail. *Paris, Didot jeune*, 1796, 2. tom. en 1 vol. in-4, pap. vel. fig. cart.

559 Bionis et Moschi quæ supersunt, cum notis Jo. Heskin integris aliorumque selectis, græcè et latinè; recensuit Theo. Christ. Harles. *Erlangæ*, 1780, in-8, v. rac. fil.

560 Bionis et Moschi opera (græcè) cum commentario germanico , auct. Manso. *Gotha*, 1784, in-12, demi-rel.

561 Callimachi Elegiarum fragmenta, cum elegiâ Catulli callimacheâ, collecta atque illustrata à Lud. Casp. Valckenaer; edidit, præfatione atque indicibus instruxit Jo. Luzac. *Lugd. - Batav.*, 1799, in-8, demi-rel.

562 Callimachi hymni, epigrammata et fragmenta, ex recensione T. J. G. F. Grævii, cum Variorum animadversionibus; accedunt commentarius et annotationes E. Spanhemii. *Ultrajecti,*
1697, 2 vol. in-8, v. m. fil.

563 Hymnes de Callimaque, traduits du grec en
vers latins, avec la version française, le texte
et des notes, par M. Petit-Radel. *Paris*, 1808,
in-8.

564 Apollonii Rhodii Argonautica (græcè), ex
recensione et cum notis Rich. Fr. Ph. Brunckii; accedunt scholia græca ex Codice bibliothecæ Imperialis Parisiensis. *Lipsiæ*, 1810, 2 vol.
in-8.

565 Oppiani de Venatione lib. IV, et de Piscatione
lib. V, cum paraphrasi græcâ librorum de Au-
cupio (græcè et latinè); curavit Jo. Gott. Schneider. *Argentorati*, 1776, in-8, v. m.

566 Musæi grammatici de Herone et Leandro
carmen (græcè et latinè) cum scholiis græcis;
ex recens. Matt. Rover, qui variantes lectiones et
notas adjecit. *Lugd.-Bat.*, 1737, in-8, demi-rel

567 Demetrii Karakasse medicinæ doctoris, Medici Poemata medica (græca et latina). *Viennæ*
1795, in-8, demi-rel.

3. *Poètes Latins.*

568 Anthologia veterum Latinorum epigrammatum et poematum, cum notis Variorum, curâ et

cum adnotat. P. Burmanni. *Amstel.*, 1759 —
73, 2 vol. in-4, cart. portr.

569 Poetæ Latini minores . curante Jo. Chr.
Wernsdorf. *Altenburgi*, 1780 -94 , 6 tom. en 8
vol. in-8, demi-rel.

570 Q. Ennii Fragmenta quæ supersunt, conqui-
sita ab Hieron. Columnâ, ad editionem Neapo-
litanam recusa , curante Fr. Hesselio; accedunt
Variorum emendationes , Vossii castigationes et
notæ. *Amstelodami*, 1707, in-4, vélin.

571 T. Lucretii Cari de rerum naturâ , libri VI,
interpretatione et notis illustravit Th. Greech.
Londini , 1717, in-8, mar. r.

572 T. Lucreti Cari de rerum naturâ libri VI ,
cum R. Bentleii animadversionibus, Gilb. Wa-
kefieldi præfationibus et commentariis ; edidit
H. Car. Abr. Eichstadt. *Lipsiæ*, 1801 , in-8,
cart.

573 Lucrèce, traduction françoise avec des Notes ,
par Lagrange. *Paris*, 1768, 2 vol. in-12 , v. éc.
fil.

574 C. Val. Catullus, cum Jo. Vossii observationibus. *Londini*, 1694, in-4, v. br.

Exemplaire avec Note de M. Thurot.

575 C. Val. Catulli Carmina, varietate lectionis et
perpetuâ adnotatione illustrata à Frid. Guil.
Doering. *Lipsiæ*, 1788 — 92, 2 tom. en 1 vol.
in-8, demi-rel.

576 Catullus , Tibullus et Propertius ; accedunt
fragmenta , Corn. Gallo inscripta. *Parisiis ,
Barbou,* 1792, in-1 2, v. m. d. s. tr.

577 P. Virgilii Maronis Opera , cum comment.
Servii et castigationibus Pierii Valeriani. *Parisiis, Rob. Stephanus,* 1532.

Exemplaire avec Notes de M. Thurot.

578 Virgilii Opera, argumentis et chrestomathiâ
illustravit Jo. Pet. Millerus. *Berolini,* 1753, in-
12, bas.

579 Virgilius, collatione scriptorum Græcor. illus-
tratus, operâ et industriâ Fulvii Ursinii ; access.
Casp. Valckenaeri opuscula. *Leovardiæ,* 1747 ,
in-8, v. m.

580 Virgilii Maronis Opera , varietate lectionis
illustrata , perpetuâ annotatione et novis curis
emendata et aucta à C. G. Heyne. *Lipsiæ,* 1803,
4 vol. in-8, cart.

581 Etudes de l'Énéide de Virgile, par Paillet.
Paris, 1810, in-12.

582 L'Opere di Virgilio commentate in lingua
volgare Toscana, da Giov. Fabrini da Fighine.
In Venetia , 1597, in-fol. cart.

583 Les Bucoliques et les Géorgiques de Virgile,
traduites en allemand par Woss. *Altona,* 1800,
4 vol. in-8, demi-rel.

584 Q. Horatii Flacci opera, Dyonisio Lambino
emendata. *Lutetiæ,* 1567, in-fol. v. br.

585 Q. Horatii Flacci opera , curante Jo. Pit.
Millero. *Berolini*, 1761, in-12, demi-rel.

586 Q. Horatius Flaccus, ex recensione et cum
notis atque emendatiou Rich. Bentleii. *Lipsiæ*,
1764, 2 vol. in-8, v. éc. fil.

587 Q. Horatii Flacci opera, illustravit Jo. Chr.
Frid. Wetzel. *Lignitii*, 1799, in-8, demi-rel.

588 Q. Horatii Flacci opera , illustravit Christ.
Guil. Mitscherlich. *Lipsiæ*, 1800, 2 vol. in-8,
demi-rel.

589 Les Odes d'Horace, traduites en prose, par
Em. Worms de Romilly. *Paris*, 1826, in-8.

590 Satires et Épitres d'Horace , traduites en
allemand, avec des notes, par Wiéland. *Leipsic*,
1794, 4 parties en 3 vol. in-8, demi-rel.

591 Alb. Tibulli quæ exstant, cum notis Variorum
(edente J. Broukhusio). *Amstelodami*, 1708 ,
in-4, v. f. fil. fig.

592 Alb. Tibulli Carminorum libri III , cum libro
quarto Sulpiciæ et aliorum , novis curis castigavit Chr. Gott. Heyne. *Lipsiæ*, 1798, in-8 , v.
rac. fil.

593 Sex. Aur. Propertii Elegiarum libri IV ; accedunt notæ et indices (edente J. Broukhusio).
Amstelod., 1727, in-4, v. br. fig.

594 Phædri fabularum Æsopiarum libri V, cum
comment. Marquadi Gudii et Variorum , curante Pet. Burmanno. *Amstelod.*, 1698 , in-8 ,
demi-rel.

595 P. Ovidii Nasonis opera omnia , cum notis

(69)

Variorum, præcipuè studio B. Enippingii.
Lugd.-Batav., 1670, 3 vol. in-8, vel.

596 P. Ovidii opera, cum notis integris Variorum, ex recens. et cum emendat. P. Burmanni.
Amstelod., 1727, 4 vol. in-4, v. m.

597 Pub. Ovidii Nasonis Metamorphoseon lib. XV,
græcè versi à Max. Planude, et editi à Jo. Fr.
Boissonade. *Parisiis, é typ. reg.*, 1822, in-8.

598 Traduction des Fastes d'Ovide, avec des notes
et des recherches de critique, etc., par Bayeux.
Paris, 1783, 2 vol. in-8, v. éc. fig.

599 Commentaires sur les Épitres d'Ovide, par
Gaspar Bachet, Sr de Méziriac. *Rotterdam*, 1722,
2 vol. in-8, v. f. fil.

600 M. Manilii Astronomicon, à Jos. Scaligero,
cum notis ejusdem, quibus accesserunt Th.
Renesi et Ism. Bulliald i animadversiones. *Argentorati*, 1655, in-4, v. j. fil.

601 Auli Persii Flacci Satirarum liber; Isaacus
Casaubonus recensuit, et commentario illustravit. *Parisiis*, 1615, in-8, v. m.

602 Auli Persii Flacci Satiræ, ad Codices parisienses
recensitæ, lectionum varietate et commentario
perpetuo illustratæ à Nic. Lud. Achaintre.
Parisiis, F. Didot, 1812, in-8.

603 Satires de Perse, traduites en allemand, par
Fullebern. *Zullichau*, 1794, in-8.

604 D. Jun. Juvenalis Satiræ XVI, recensitæ à Geo.
Alex. Ruperti. *Lipsiæ*, 1801, 2 vol. in-8.

605 Decimi Junii Juvenalis Satiræ, illustratæ à

Nic. Lud. Achaintre. *Parisiis, F. Didot*, 1810,
2 vol. in-8, gr. p. vel. fig.

606 **M**. Ann. Lucani Pharsalia, cum notis Variorum necnon Th. Maii supplementis, ex edit.
et cum adnotat. Fr. Oudendorpii. *Lugd.-Batav.*,
1728, in-4, vel.

607 C. Silii Italici Punicorum lib. XVII, cum
notis Variorum, curante Arn. Drakenborch.
Traj. ad Rhenum, 1717, in-4, v. br. fig.

608 C. Val. Flacci Argonauticon lib. VIII, cum
notis Variorum, è recens. Th. Chr. Harles.
Altenburgi, 1781, 2 vol. in-8, demi-rel.

609 P. Papinii Statii Opera, curante Societate
Bipontinâ. *Biponti*, 1785, in-8, cart.

610 Silves de Stace, traduites par Delatour. *Paris*,
1802, in-8, cart.

611 M. Val. Martialis Epigrammata, cum notis
Variorum, accurante Corn. Schrevelio. *Lugd.-
Batav.*, 1656, in-8, v. br.

612 M. Val. Martialis Epigrammatum lib. XIV,
cum Variorum commentariis, notis, scholiis,
et cum indice Jos. Langii. *Lut.-Parisior.*, 1601,
in-4, v. br.

613 D. Magni Ausonii Opera, accurante Societate Bipontinâ. *Biponti*, 1785, in-8, cart.

614 Cl. Claudiani Opera, ex edit. et cum comment. Casp. Barthii. *Francofurti*, 1650, in-4,
vel.

615 Selecta poemata Italorum qui latinè scripse-

runt, accur. A Pope. *Londini, Knapton,* 1740, 2 vol. in-8, v. fil.

616 A. S. Sannazarii Opera, latinè scripta, ex secundis curis Jan. Broukhusii; accedunt Gabr. Altilii, Dan. Cereti et fratrum Amal- theorum Carmina; vitæ Sannazarianæ, et notæ P. Vlamingii. *Amstelod.*, 1728, in-8, v. f.

617 Quinque illustrium poetarum lusus in Ve- nerem. *Parisiis,* 1791, in-8, v. rac. fil.

618 Les Eclipses, poème latin en 6 chants, par l'abbé Boscovich; traduits en françois, avec le texte en regard, par l'abbé de Barruel. *Paris,* 1779, in-4, v. m.

3. *Poètes Italiens, Français, Allemands, et Anglais.*

619 Traité de la Poésie italienne rapportée à la Poésie française, par Ant. Scoppa. *Paris,* 1803, in-8.

620 Rime e prose di Torquato Tasso. *Ferrara,* 1575-85, 2 tom. en 1 vol. in-12, vel.

621 La Secchia Rapita, poema eroicomico di Alessandro Tassoni, colle dichiarazioni di Gasp. Salviani, e le annotazioni del dot. Pellegrino Rossi. *Venezia,* 1747, in-8, v. éc. fil. fig.

622 Le Seau enlevé, poème trad. de l'italien, du Tassoni (par M. Creuzé). *Paris, P. Didot,* an VIII, in-18.

623 La Coltivazione, poema di L. Alamanni. *Londra,* 1780, in-12, demi-rel.

324 Dictionnaire des Rimes, par Richelet. *Paris,* an VII, in-8, v. f.

625 Nouveau Recueil des Epigrammatistcs françois, anciens et modernes (par Bruzen de la Martinière). *Amsterdam,* 1720 , 2 vol. in- 12 , v. br.

626 Poésies anciennes et modernes (recueillies par l'abbé Ducreux). *Paris,* 1781, 2 vol. in-12.

627 OEuvres de Boileau Despréaux. *Paris,* 1767, 3 vol. p. in-12 , v. éc.

628 La Religion, poème par L. Racine, suivie du poème de la Grâce, et autres pièces. *Troyes,* 1810, p. in-12 , bas.

629 L'Imagination, poème par J. Delille. *Paris,* 1806, 2 vol. gr. in-18, bas. rac.

630 Poésies de la comtesse de Salm. *Paris, F. Didot,* 1814, in-8.

631 Le Paradis Perdu, traduit de l'anglais de J. Milton, par J. Mosneron. *Paris,* 1811, in-12, pap. vél., cart., portrait.

632 Essai sur l'Homme, de Popé, traduit en allemand par Frid. Noeldeke. *Oldenburg,* 1821, in-8, d. s. tr., cart.

633 Herman et Dorothée, par Goëthe (en allemand). *Brunswick,* 1799, in-12, v. rac. dent. d. s. tr.

634 Oberon, poème par Wieland (en allemand). *Carlsruhe,* 1793 , in-12, demi-rel.

635 OEuvres de Hagedorn (en allemand). *Carlsruhe,* 1777, 3 vol. in-12, v. rac. fil.

636 OEuvres complètes de Gessner, trad. de l'allemand. *Paris,* 1807, 3 vol. in-12.

V. Art Dramatique.

637 Théâtre des Grecs, par le P. Brumoy, éd.
augment. par MM. Brotier, de Rochefort, et La-
porte du Theil. *Paris, Cussac,* 1785-89, 13 vol.
in-8, fig. demi-rel. non rognés.

638 Æschyli tragœdiæ (græcè). *Parisiis, typ.
regiis,* 1552, in-8, vel.

639 Frid. Lud. Abresch animadversiones ad Æs-
chylum ; accedunt annotationes ad quædam loca Novi Testamenti et dilucidationum Thucydi-
dearum auctarium. *Medioburgi ,* 1743 , et
Zvollæ, 1763 , 2 vol. in-8, vel.

640 Æschyli tragœdiæ quæ supersunt ac deperdi-
tarum fragmenta ; recensuit Chr. God. Schütz.
Halæ, 1782-1794, 3 vol. in-8, demi-rel.

641 Sophoclis tragœdiæ VII (græcè) cum vers. latinâ et notis Rich. Fr. Phil. Brunckii. *Argentorati,* 1786-1789, 4 vol. in-8, Ch. M. v. rac.
dent. d. s. tr.

642 Sophoclis Electra, græcè, ex recens. Brunckii,
ed. Scheffler. *Helmstadii,* 1794, in-12, demi-rel.

643 Euripidis Tragœdiæ , Fragmenta , Epistolæ
(græcè et latinè), ex edit. J. Barnesii; accedunt
Sam. Musgravii notæ integræ in Euripidem ;
curante Christ. Dan. Beckio. *Lipsiæ,* 1778-88,
3 vol. in-4, v. rac.

644 Euripidis Opera omnia , ex editionibus
praestantissimis fideliter recusa , latinâ interpretatione , scholiis antiquis et Eruditorum
observationibus illustrata. *Glasguæ*, 1821, 9 vol.
gr. in-8, pap. vel. demi-rel. non rogn.

645 Euripidis tragœdia Hippolytus, quem, latino
carmine conversum à Geor. Ratallero , adnotationibus instruxit Lud. Casp. Valckenaer. —
Ejusdem Valkenaeri Diatribe in Euripidis per-
ditorum Dramatum reliquias. *Lugd. - Batav.* ,
1767 - 1768 : 2 part. en 1 vol. in-4, bas. rac.

646 Euripidis tragœdia Phænissæ ; interpretationem addidit Grotii , atque adnotationibus instruxit Lud. Gasp. Valckenaer. *Lugd. - Bat.* ,
1802, in-4, bas. rac.

647 Euripidis Orestes (græcè et latinè) ex editione
J. Barnes. *Glasguæ, Foulis,* 1743, p. in-8, v. f.

648 Euripidis Cyclops, græcè ; recensuit et illustravit Jo. Geo. Chr. Hœpfner. *Lipsiæ* , 1789 ,
in-8, demi-rel.

649 Euripidis Hecuba ; God. Hermanni ad eam et
ad R. Porsoni notas animadversiones. *Lipsiæ* ,
1800, in- 8, demi-rel.

650 Jon , tragédie d'Euripide , traduite en allemand , par Wieland. *Leipsic,* 1803, in-8.

651 Aristophanis comœdiæ XI (græcè et latinè),
cum scholiis antiq. et notis Variorum , præcipuè Casauboni, Spanhemii et Bentleii, ex recensione et cum not. Ludol. Kusteri. *Amstelod.,*
1710, in-fol. Ch. M. demi-rel. non rogné.

652 Aristophanis comœdiæ (græcè) ex optimis ex-
emplaribus emendatæ à Rich. Fr. Ph. Brunckio.
Argentorati, 1783, 3 vol. in-8, v. acaj. fil.

653 Aristophanis comœdia Plutus , cum notis
Variorum , cur. Theoph. Christ. Harles. *Norimbergæ*, 1776. — Ejusdem Aristophanis Nubes (græcè), à Brunckianâ recensione edidit
Christ. God. Schutz. *Halæ*, 1786, 2 part. in-8.

Les premiers feuillets de ce vol. sont chargés de notes
de M. Thurot.

654 Aristophanis Nubes (græcè) cum scholiis ;
recensuit et adnotationes Jo. Aug. Ernestii
suasque addidit God. Hermannus. *Lipsiæ*,
1799, in-8, vel.

655 Le Plutus et les Nuées d'Aristophane , trad.
en françois, par Mlle Lefévre. *Paris,* 1684, in-12,
demi-rel.

656 M. Accii Plauti comœdiæ , ex recognitioue
Jani Gruteri; accedunt commentarii Fr. Taub-
manni. *Wittebergæ*, 1621, in-4, v. fil.

657 M. Accii Plauti quæ supersunt comœdiæ, cum
notis Variorum et præfatione Jo. Aug. Ernesti.
Lipsiæ, 1760, 2 vol. in-8, v. m.

658 P. Terentii comœdiæ sex, ex recens. Frid.
Lindenbrogii, cum Variorum lection. et observat., edente Jo. Car. Zeunio. *Lipsiæ*, 1774,
2 vol. in-8, v. rac. fil.

659 L. Ann. Seneca Tragicus, ex recensione Pet.
Scriverii. *Lugd.-Batav.*, 1621, in-8, v. br.

660 L. Annæi Senecæ Tragœdiæ, ad optimas editiones collatæ. *Biponti*, 1785, in-8, cart.

661 Tragedie di Vitt. Alfieri. *Parigi , Renouard,* 1806, 6 vol. in-18, portr.

662 Théâtre de Société (par Collé). *Paris*, 1768, 2 vol. in-8, v. f. fil.

633 OEuvres dramatiques de M. d'Outrepont *Paris*, 1825 , 7 parties in-8.

664 Dom Carlos et Wallenstein , tragédies , par Schiller (en allemand). *Carlsruhe ,* 1792 , et *Tubinge*, 1800, 2 vol. in-8, demi-rel.

665 La Bataille d'Herman , trad. de l'allem. de Klopstock, publ. par Cramer. — Don Carlos, trad. de l'allem. de Schiller , par Adr. Lezay. *Paris*, an VIII, 2 vol. in-8.

666 La Fille du Recruteur, comédie en cinq actes (en allemand), par Rost. *Leipsic*, 1778, in-12, demi-rel.

667 Le Maître de lui-même, drame en V actes ;— les Artistes , drame ; — les Chasseurs, tableau de mœurs champêtres , en V actes, par Iffland (en allem.) 3 vol. in-8.

668 Shakespeare, traduit de l'anglois (par Letourneur). *Paris* , 1776, 2 vol. in-4, v. m. (tomes I et II).

VI. Mythologie.

Fables et Apologues, Romans , Facéties.

669 Bibliothèque d'Apollodore l'Athénien, tra-

duite par E. Clavier (avec le texte grec en regard). *Paris*, 1805, 2 vol. in-8, demi-rel.

670 Palæphati de Incredibilibus, græcè, textum
edidit, emendavit indicemque verborum ad-
ject Jo. Frid. Fischerus ; accessère prolusiones
quatuor in Palæphati fabulas, et orationes duo.
Lipsiæ, 1789, in-8, demi-rel.

671 Mythographi Latini, C. Jul. Hyginus, Fab.
Plauciades Fulgentius, Lactantius Placidus,
Albricus philosophus, Th. Munckero emen-
dante. *Amstel.*, 1681, 2 tom. en 1 vol. in-8,
v. b. fig.

672 Fabularum Æsopicarum collectio (græcè et
latinè). *Basileæ*, 1780, in-8, bas.

673 Æsopi Fabulæ, græcè, edente Coray. *Parisiis*,
Eberart, 1810, in-8, v. rac. dent.

674 The Fable of the Bees, or private vices,
publick benefits. *London*, 1725, in-8, vel.

675 Longi Pastoralium de Daphnide et Chloe,
libri IV (græcè et latinè) ; varietatem lectionum,
notis Variorum et Laur. Gambaræ suas addidit
M. Ben. Gott. Laur. Boden. *Lipsiæ*, 1777, in-8,
v. m.

676 Longi Pastoralia, è Codd. Mss. duobus Ita-
licis primùm græcè integra edidit P. L. Cour-
rier, curante G. R. Lud. de. Sinner. *Parisiis*,
1829, gr. in-8, pap. vel. demi-rel. non rogné.

677 Longi Pastoralia, sive de Amoribus Daphnidis
et Chloes, è textu græco in latinum numeris

heroicis deductum , operâ P. Petit-Radel. *Parisiis*, 1809, in-8.

678 Heliodori Ethiopicorum libri X (græcè), edente Coray. *Parisiis , Éberart*, 1804, 2 vol. in-8, v, m. all. fil.

Cet exemplaire est précédé d'une note manuscrite (en grec) communiquée par le Dr Coray à M. Thurot.

679 Xenophontis Ephesii de Anthiâ et Habrocome Ephesiacorum libri V (græcè et latinè) ; recensuit et adnotavit Al. Em. Locella. *Vindobonæ*, 1796, in-4, bas. rac.

680 Achillis Tatii Alexandrini de Clitophontis et Leucippes amoribus libri VIII (græcè et latinè) ; varietate lectionis notisque Variorum illustravit Ben. Gött. Laur. Boden. *Lipsiæ,* 1776, in-8, cart.

681 Charitonis Aphrodisiensis de Chæreâ et Callirhoe amatoriarum narrationum libri VIII, (græcè et latinè), cum animadvers. Jac. Ph. d'Orville, curâ Jo. Jac. Reiske. *Lipsiæ*, 1783 , in-8, demi-rel.

682 La Luciade ou l'Ane de Lucius de Patras , avec le texte grec revu sur plusieurs manuscrits. *Paris*, 1818, in-12, pap. vel.

683 Apuleii opera omnia quæ exstant, Gev. Elmenhorstius ex manuscriptis et veteribus codicibus recensuit emendationesque et indices adjecit. *Francofurti*, 1621, in-8, v. br.

684 Appuleii Metamorphoseon lib. XI, cum notis

Variorum et imprimis Fr. Ondendorpii; præfationem præmisit Dav. Ruhnkenius. *Lugd.-
Batav.*, 1786, in-4, v. rac.

685 L'Ane d'or d'Apulée, traduit en allemand,
par Rode. *Dessau*, 1783, 2 tom. en 1 vol. in-
12, demi-rel. fig.

686 Histoire ou recherches sur l'Origine des Con-
tes, par Paul Gudin. *Paris*, 1803, 2 vol. in-8,
cart.

687 Les Aventures de Télémaque, par Fénélon.
Paris, Didot, 1814, 4 vol. in-8, bas. rac.

688 Paul et Virginie, par Bernardin de Saint-
Pierre, trad. en grec, par N. Piccodo. *Paris,
F. Didot*, 1814, in-18.

689 Le Temple de Gnide, en françois et en italien, par Montesquieu. *Paris*, 1767, p. in-12.

690 El ingenioso Hidalgo Don Quixote de la
Mancha, compuesto por Miguel de Cervantes.
En Madrid, Ibarra, 1782, 4 vol. in-8, fig. bas.
fil.

691 Voyage sentimental d'Yorick (Sterne), en
France et en Italie, traduit en allemand. *Brême*,
1776, 5 parties en 2 tom. p. in-8, fig.

692 Claire du Plessis et Clairant, par Aug. Lafon-
taine (en allem). *Berlin*, 1795, p. in-8, bas. rac.

693 Agathon, par Wiéland (en allem.). *Carlsruhe*, 1798, 2 tom. en 1 vol. in-12, demi-rel.

694 Peregrinus Proteus, par Wiéland (en allem).
Carslruhe, 1800, 2 tom. en 1 vol. p. in-8.

695 Passions du jeune Werther, par Goethe (en
allem.)*Leipsic*, 1795, p. in-8, demi-rel.

696 Alcibiades , par Meissner (en allem.) *Calrs-
ruhe*, 1791, 4 vol. in-8, demi-rel. fig.

697 Facetiæ Facetiarum , hoc est Joco - seriorum
fasciculus novus. *Pathopoli* , 1645, in-12 , vel.

VII. PHILOLOGIE.

Critique , Satire , Sentences , etc.

698 Joan. Clerici ars Critica. *Amstel.* , 1700 , 3
vol. in-8, v. br.

699 Miscellaneæ Doctrinæ. *Amstel.*, 1809-1811,
2 tom. en 1 vol. in-8, demi-rel.

700 Lamberti Bos Observationes Miscellaneæ.
Franequeræ, 1707, in-8, demi-rel.

701 Jac. Palmerii Exercitationes in optimos ferè
auctores Græcos. *Traj. ad Rhen.*, 1694 , in-4 ,
vel.

702 Adr. Heringa , Observationum criticarum Liber singularis, in quo passim veteres auctores
Græci , maximè emendantur. *Leovardiæ,* 1749,
in-8, vel.

703 Cl. Salmasii de Hellenistica commentarius.
Lugd.-Batav., Elzevirii, 1643, in-8, vel.

704 Rich. Bentleii Opuscula philologica, Disser-
tationem in Phalaridis Epistolas et Epistolam
ad J. Millium complectentia. *Lipsiæ*, 1781 ,
in-8, demi-rel.

705 Hadr. Junii Hornani Medici animadversa ;
ejusdemque de comâ commentarium. *Roterodami*, 1708, in-8, v. br.

706 Anecdota Græca è regià Parisiensi et Venetâ
S. Marci Bibliothecis deprompta, ed. Jo. B. Casp.
d'Ansse de Villoison. *Venetiis* , 1781, 2 vol. in-
4, v. m.

Exemplaire tiré in-fol.

707 Ricardi Porsoni adversaria; notæ et emendationes quas ex schedis Mss. Porsoni depromp-
serunt indicibusque instruxerunt Jac. Henr.
Monk et Car. Jac. Blomfield. *Lipsiæ*, 1814. —
De Agro Trojano, in carminibus homericis
descripto, auctore Frid. Aug. G. Spohn : Ric.
Porsoni adversariorum corollarium. *Lipsiæ* ,
1814, in-8, v. j. fil. d. s. tr.

708 Ric. Dawes Miscellanea critica , curavit et
appendicem, adnotationes addidit Th. Burgess;
edidit et præfatus est Gott. Christ. Harles.
Lipsiæ, 1800, in-8, v. m.

709 Lettre critique de F. J. Bast à M. Boissonade,
sur Antoninus Liberalis, Parthenius et Aristé-
nète. *Paris* , 1805. — Pet. Henr. Koppiers
Observata philologica in loca quædam Anti-
phanis, Theocriti, Pauli Apostoli, Eratosthe-
nis et Propertii. *Lugd.-Bat.*, 1771, 2 part. en
1 vol. in-8, vel.

710 Athenæi Deipnosophistarum libri I-V (græcè), curante God. Henr. Schaffer, cum interpretatione latinâ et notis Is. Casauboni, et

interpret. gallicâ Villebrunii. *Lipsiæ*, 1796, 3 vol. in-8.

711 Athenæi Deipnosophistarum lib. XV (gr. et lat.) cum notis Variorum, ex edit. et cum animadv. Jo. Schweighæuser. *Argentorati,* 1801-7, 14 vol. gr. in-8, demi-rel., non rognés.

712 M. Conr. Nahmmacheri Commentarius de litteraturâ romanâ. *Brunswigæ,* 1758, in-8, demi-rel.

713 Theo. Christ. Harles brevior notitia litteraturæ romanæ, cum supplementis. *Lipsiæ,* 1789-1801, 3 vol. in-8, demi-rel.

714 Bibliotheca critica (auctore Dan. Wittenbach). *Amstelod.*, 1779-87, 3 vol. in-8, demi-rel.

715 Chrestomathia Patristica latina, ed. Büttner. *Halæ,* 1804, in-8.

716 Aulii Gellii Noctes atticæ, cum notis et emendationibus Joan. Frid. Gronovii. *Lugd.-Batav.*, 1787, in-8, vel.

717 Aur. Theod. Macrobii Opera, cum notis Is. Pontani, Jo. Meursii, Jac. Gronovii et Jo. Car. Zeunii. *Lipsiæ,* 1774, in-8, v. rac. fil.

718 OEuvres de Macrobe, traduites par de Rosoy. *Paris, F. Didot,* 1827, 2 vol. in-8.

719 Mart. Minæi Capellæ, de nuptiis, philologiâ et septem artibus liberalibus, libri IX. *Lugduni,* 1539, in-8, vel.

720 Adriani Turnebi Adversariorum libri XXX. *Genevæ,* 1604, in-4, v. br.

721 Petri Victorii variarum lectionum libri XXV. *Lugduni*, 1554, 1 vol. in-4. — Ejusdem XIII novi libri. *Florentiæ*, 1569, in-4, v. m. fil.

722 Jani Gruteri Lampas, sive Fax artium liberalium, hoc est, Thesaurus criticus, è bibliothecis erutus. *Francofurti*, 1602-7, 6 vol. in-8, cart.

723 Th. Gatakeri Cinnus, sive adversaria miscellanea, animadversionum variarum libris sex comprehensa. *Londini*, 1651. — Ejusdem de novi instrumenti stylo dissertatio. *Londini*, 1648, 2 part. en 1 vol. in-4, vel.

724 H. Valesii Emendationum libri V, et de criticâ libri II; accedunt alia, curânte P. Burmanno. *Amstelod.*, 1740, in-4, v. br.

725 Lamb. Bos animadversiones ad scriptores quosdam græcos; accedit specimen animadversionum latinarum. *Franekeræ*, 1715, in-8, v. br.

726 Th. Crenii Analecta. *Amstelod.*, 1699, in-8. — Ejusdem Museum philologicum et exercitationes. *Lugd.-Batav.*, 1699-1700, 5 vol. in-8, v. br.

727 Critica Vannus in inanes Jo. Corn. Pavonis Paleas, cum epilogo et indicibus. *Amstelodami*, 1737, in-8, vel.

728 Jo. Aug. Ernesti Opuscula varii argumenti. *Lipsiæ*, 1794, in-8, demi-rel.

729 Dav. Ruhnkenii Opuscula oratoria, philologica, critica, nunc primum conjunctim

edita. *Lugd.-Batav.*, 1809, 2 part. en 1 vol. in-8, demi-rel.

730 Theoph. Chr. Harles Opuscula varii argumenti. *Halæ*, 1773, in-8.

731 Jo. Matth. Gesneri primæ lineæ Isagoges in eruditionem universalem , curâ Jo. Nic. Niclas, etc. *Lipsiæ* , 1784, 2 vol. in-8, demi-rel.

732 Commentarii societatis philologicæ Lipsiensis, curante Christ. Dan. Beckio. *Lipsiæ*, 1801-2, 2 vol. en 4 part. in-8.

733 Jo. Stobæi Sententiæ ex thesauris Græcor. delectæ. *Lugduni* , 1543. — Ejusdem Eclogarum physicar. libri II, græcè et latinè; interpr. Guilcantero. *Antuerpiæ*, 1575, in-fol., v. br.

734 Jo. Stobæi Eclogarum physicarum et ethicarum libri duo (græcè et latinè), ad codicum Mss. fidem suppleti et castigati ab Arn. Lud. Herm. Heeren. *Gottingæ* , 1792-1801, 4 t. en 3 vol. in-8, demi-rel.

735 Mélanges de Littérature, d'Histoire et de Philosophie (par d'Alembert). *Amsterd.*, 1759, 5 vol. in-12, v. m.

736 Réflexions critiques sur la Poésie et sur la Peinture, par Dubos. *Paris* , 1751 , 3 vol. in-12, v. m.

737 Sentiments de Cléante sur les Entretiens d'Ariste et d'Eugène , par Barbier d'Aucour. *Paris*, 1776, in-12, v. m.

738 Nouvelles Observations critiques sur diffé-

rens sujets de Littérature, par Clément. *Paris,*
1772, in-8, v. m.

739 Manière de bien penser dans les ouvrages
d'esprit (par le P. Bouhours). *Paris,* 1771, in-
12, v. m.

740 Dictionnaire néologique à l'usage des beaux-
esprits du siècle (par l'abbé Desfontaines)
avec l'Éloge de Pantalon-Phœbus, par un avo-
cat de province(Bel.) *Paris,* 1727, in-12, v. br.

741 Mélanges de Critique et de Philologie, par
S. Chardon de la Rochette. *Paris,* 1812, 3 vol.
in-8, demi-rel, non rognés.

742 Mélanges de Littérature et de Philosophie,
par F. Ancillon. *Paris,* 1809, 2 vol. in-8.

743 Élements of Criticism, by H. Home. *Edinburgh,* 1763, 3 vol. in-8, v. m.

744 Analectes pour la Littérature, par Lessing,
(en allemand). *Leipsic,* 1785, 4 vol. in-8.

745 Mélanges et Dissertations, de Fréd. Aug.
Wolf, (en allemand). *Halle,* 1802, in-8,
demi-rel.

746 T. Petronii Satyricon , quæ supersunt, cum
notis Variorum , curante P. Burmanno. *Amstelod.,* 1743, 2 vol. in-4, vel.

747 T. Petronii Arbitri Satyricon et Fragmenta.
Berolini, 1785, in-12, v. éc. fil.

748 Adagia, sive Proverbia Græcorum, ex Zeno-
bio, seu Zenodolo, Diogeniano et Suidà (gr. et
lat.) edente And. Schotto. *Antuerpiæ,* 1612 ,
in-4, v. rac. fil.

749 Des. Erasmi Adagiorum Chiliades quatuor,
cum emendationibus et H. Stephani animadversionibus. (*Parisiis*) *Rob. Stephanus*, 1558,
in-fol. v. m.

750 Horapollinis Hieroglyphica (gr. et lat.) cum
notis Varior., curante Jo. Corn. de Pauw. *Traj.
ad Rhen.*, 1727, in-4, vel.

751 Pensées ingénieuses des Anciens et des Modernes (par Bouhours). *Paris*, 1707, in-12, v. m.

752 Ægidii Menagii Miscellanea. *Parisiis*, 1652,
1 vol. in-4, vel. fig.

753 Menagiana, ou les Bons mots de M. Ménage
(publiés par de la Monnaye). *Paris*, 1715,
4 vol. in-12, v. br.

Cet exemplaire contient des notes manuscrites de
M. Thurot, et beaucoup d'autres que celui-ci attribue à
de la Monnaye, éditeur de l'Ouvrage.

754 Huetiana, ou Pensées diverses de Huet, év.
d'Avranches (publié par l'abbé d'Olivet). *Paris*,
1722, in-12, v. br.

755 Paraboles par le docteur T. A. Krumma-
cher, trad. de l'allemand par M. L. Bautain.
Paris, 1821, in-12.

VIII. POLYGRAPHES.

756 Plutarchi Opera (græcè et latinè), cum notis
Variorum, ex recensione Jo. Jac. Reiske. *Lipsiæ*,
1774-1782, 12 vol. in-8, v. m.

757 Plutarchi Chæronensis quæ supersunt om-

nia (græcè), cum adnotat. Variorum , adjec-
tâque lectionis diversitate, operâ Jo. Geo. Hutten. *Tubingæ*, 1791 - 1805, 14 tom. en 13 vol.
in-8, vel. non rognés.

758 Luciani Samosatensis Opera (græcè et latinè) ad edit. Hemsterhusii et Reitzii accuratè
expressa, studiis Societatis Bipontinæ. *Biponti* ,
1789, 10 vol. in-8, vel.

759 Philostratorum quæ supersunt omnia (græcè et latinè); recensuit, notis perpetuis illustravit Gott. Olearus. *Lipsiæ* , 1709, in-fol. vel.

760 Angeli Politiani Opera. *Basileæ*, 1553, in-
fol. v. br. fil. tr. d., lavé-réglé.

761 Justi Lipsii Opera omnia. *Vesaliæ* , 1675 , 4
vol. in - 8 , vel. fig.

762 Gothofr. Guill. Leibnitii Opera omnia, collecta studio Lud. Dutens. *Genevæ*, 1768, 6 vol.
in-4, demi-rel., portr. fig.

763 Chr. G. Heynii Opuscula academica. *Gottingæ*, 1785, 5 vol. in-8, demi-rel.

764 Œuvres de Voiture. *Paris*, 1656, in-4, v. br.

765 Œuvres de M. de Tourreil. *Paris*, 1721, 2 vol.
in-4, v. m. portr.

766 Œuvres de l'abbé de St-Réal. *Paris* , 1724,
4 vol. in-12, v. br.

767 Œuvres choisies de M. Pélisson. *Paris* , 1805,
2 vol. in-12.

768 Œuvres complètes de Montesquieu. *Londres*,
1767, 3 vol. in-4, v. f. fil. portr.

Exemplaire avec notes manuscrites de M. Thurot.

769 OEuvres diverses de Bayle. *La Haye*, 1737, 4 vol. in-fol. v. m.

770 OEuvres complètes de Fréret, publiées par M. Champollion-Figeac. *Paris*, 1825, in-8, t. Ier.

771 OEuvres complètes de Mably. *Paris*, 1797, 12 vol. in-8, demi-rel.

772 OEuvres complètes de Dumarsais. *Paris*, 1797, 7 vol. in-8, bas.

773 OEuvres diverses de J. J. Barthélemy. *Paris*, an 6, 2 vol. in-8.

774 Principes de Littérature, de Philosophie, de Politique et de Morale, par M. Massias. *Paris*, 1826 - 27, 4 vol. gr. in-18.

775 Tutte le Opere di Nic. Machiavelli. (*Roma*, *Blado*) 1550, 5 tom. en 1 vol. in-4, v. br. fig.

776 Essays and Treatises on several subjects, by David Hume. *Edimbourg*, 1800, 2 vol. in-8, v. rac.

777 Edw. Gibbon's miscellaneous Works, with Memoirs of his life and writings, composed by himself. *Basil*, 1796, 7 vol. in-8.

778 OEuvres diverses de Kotzebue (en allemand). *Carlsruhe*, 1792, 4 vol. in-8, demi-rel.

IX. Dialogues, Épistolaires.

779 Alciphronis Rhetoris epistolæ (græcè et latinè) cum Steph. Bergleri commentario integro, cui alior. criticorum et suas notationes adjecit

Jo. Aug. Wagner. *Lipsiæ*, 1798, 2 vol. in-8, v. rac. fil.

780 Aristæneti Epistolæ græcæ , cum vers. latinâ et notis Josiæ Merceri, cur. Joan. Cornel. de Pauw. *Trajecti ad Rhenum,* 1737, in-8, v. éc. fil.

781 F. Lud. Abresch Lectionum Aristænetearum libri duo. *Zwollæ,* 1749, 2 part. en 1 vol. in-8, v. m. fil.

782 M. Tul. Ciceronis Epistolæ ad Familiares , libri XVI, ex recensione Jo. Geo. Grævii, et cum notis Variorum. *Amstelod. , ap. Dan. Elsevirium,* 1677, 2 vol. in-8, vel.

783 P. Manutii et Simonis Bosii Commentarii in Ciceronis Epistolas ad Atticum. *Francofurti ,* 1580, in-8, demi-rel.

784 C. Plinii Cæcilii Secundi Epistolarum lib. X, cum not. Variorum, accurante Jo. Veenhusio. *Lugd.-Batav. ,* 1699, in-8, vel.

785. Isaaci Casauboni Epistolæ, insertis ad easdem responsionibus, etc. Item Merici Casauboni epistolæ, curante Theod. Janson ab Almeloveen. *Roterodami,* 1709, in-fol. v. br.

786 Leon. Br. Aretini Epistolarum libri VIII, curâ Jo. Alb. Fabricii. *Hamburgi,* 1724, in-8, demi-rel.

787 Lettres choisies sur différens sujets de Morale et de Littérature, trad. de l'angl. par Genet. *Paris,* 1753, 2 tom. en 1 vol. p. in-8, bas.

788 Delle lettere di Principi, le quali o si scri-

vono da principi, o a principi, o ragionano di principi. *Venetia*, 1581, 3 vol. pet. in-4, vel.

789 Lettres Portugaises, nouv. édit., avec les imitations en vers, par Dorat. *Paris*, 1806, in-12, pap. vel. demi-rel.

790 Lettres de Jean Paul (en allemand). *Leipsic*, 1799, in-8.

HISTOIRE.

I. Géographie.

791 De la Manière d'écrire l'Histoire, par Mably, suivie d'un Supplément, par G. de L. B. (Gudin de la Brenellerie) *Kehl*, 1784, 2 vol. in-12.

792 Compendium Geographiæ antiquæ, Mappis Danvillianis XI majoribus accommodatum. *Norimbergæ*, 1785, 2 vol. in-8, demi-rel.

793 Géographie Universelle, trad. de l'angl. de Guthrie. *Paris*, 1808, 6 vol. in-8, et Atlas, demi-rel.

794 Strabonis de situ Orbis, græcè, edente Coray. *Parisiis*, *Éberart*, 1815 - 1819, 4 vol. in-8, bas. rac.

795 Géographie de Strabon, traduite du grec en français (par MM. La Porte du Theil et Coray, avec des Notes et une Introduction, par M. Gossellin.) *Paris*, *Impr. Imp.*, 1805- 19, 5 vol. in-4, g. pap. cart. non rognés.

796 Stephanus de Urbibus et Populis (græcè et latinè) cum **Th. de Pinedo** observationibus. *Amstelod.*, 1678, in-fol. v. fil.

II. Voyages.

797 Voyage en Italie, par Barthélemy. *Paris*, 1801, in-8.

798 Voyages dans les Deux - Siciles, et dans quelques parties des Apennins , trad. de l'italien de Spallanzani, par Toscan. *Paris , an VIII*, 6 vol. in-8.

799 Voyage sur la scène des six derniers livres de l'Enéide, suivi de quelques Observations sur le Latium moderne, par de Bonstetten. *Genève,* an XIII, in-8.

800 Les Aventures et les Voyages du comte Benjouski, écrits par lui - même (en allemand). *Tubingue,* 1791, in-12.

801 **Lettres d'un Voyageur Français (Collini)** sur l'Allemagne, adressées à son frère à Paris (trad. en allemand). *Zurich ,* 1784, 2 vol. in-8, demi-rel.

802 Voyage dans la Grèce, par **M. Pouqueville.** *Paris,* **F. Didot,** 1820, 5 vol. in-8, fig.

803 Voyage en Syrie et en Egypte, par Volney. *Paris,* an VII, 2 vol. in-8, fig. v. rac. fil.

804 Relation de l'Afrique , par J. B. Labat. *Paris,* 1728, 5 vol. in-12, bas. fig.

III. Chronologie, Histoire universelle.

805 Tables Chronologiques de John Blair, traduites en français, par Chantreau. *Paris*, 1795,
gr. in-4, v. rac. fil.

806 Mémorial portatif de Chronologie, d'Hist.
industrielle, d'Économie politique, de Biogra-
graphie, etc. (par M. de Laubepin). *Paris*,
1829, 4 vol. in-12, et atlas in-4.

807 L'Art de vérifier les dates (par D. Maur.-
Franç. d'Antine, D. Ursin Durand et D. Ch.
Clémencet, édit. augm. par D. Franç. Clé-
ment). *Paris*, 1770, in-fol. v. fil.

808 Jo. Seldeni de Diis Syris syntagmata II. *Lugd.-
Batav., ex off. Elzeviriana*, 1629, in-8, v. m.

809 Religions de l'Antiquité, considérées principalement dans leurs formes symboliques et my-
thologiques, trad. de l'allemand de Fr. Creuzer,
par J. D. Guigniaut. *Paris*, 1825-1829, 4 part.
in-8, dont une de planches.

810 Chr. Dan. Beckii Institutio historica religio-
nis Christianæ et formulæ nostræ dogmatum.
Lipsiæ, 1711, in-8, demi-rel.

811 Jo. Laur. Moshemii Dissertationes ad historiam ecclesiasticam pertinentes. *Altona*, 1767,
2 vol. in-8, cart.

812 Monuments Historiques concernant les deux
pragmatiques - sanctions de France, par Llo-
rente. *Paris*, 1818, in-8.

813 Œuvres philosophiques de Pauw : Recherches sur les Égyptiens, les Chinois, les Grecs,
les Américains. *Paris*, an III, 7 vol. in-8,
demi-rel.

814 Mémoires pour servir à l'Histoire ancienne
du Globe terrestre, par M. de Fortia d'Urban.
Paris, 1811, 11 vol. in-12, v. ac. dent.

IV. Histoire Ancienne, Grecque et Romaine.

815 Recherches pour servir à l'histoire de l'É-
gypte, pendant la domination des Grecs et des
Romains, par M. Letronne. *Paris*, 1823, in-8.

816 Notice sur le séjour des Hébreux en Égypte,
par M. Dubois-Aymé.—Description de la Baby-
lone d'Égypte, et d'Héliopolis, par le même.
— Appendice au Mémoire sur les anciennes
limites de la Mer – Rouge, par le même. —
Voyage dans l'intérieur du Delta, par le même.
—Description des principales ruines du Delta,
par le même. — Mémoire sur les anciennes
branches du Nil, par le même. *Paris, Impr. roy.*,
1822, in-fol. fig.

817 Pausaniæ Græciæ descriptio, græcè; recensuit ex codd. et aliundè emendavit, explanavit
Jo. Frid. Facius. *Lipsiæ*, 1794, 4 vol. in-8,
demi-rel.

818 Description de la Grèce, trad. du grec de
Pausanias, avec le texte grec collationné sur
les manuscrits de la Bibliothèque du Roi, par
Clavier. *Paris, Eberart*, 1814-1821, 6 vol. in-8.

819 Herodoti Halicarnassei historiarum libri IX
(græcè et latinè) ex Laur. Vallæ interpretatione, cum annotat. Tho. Galei et Jac. Gronovii; editionem curavit et suas itemque Lud.
Gasp. Valckenaerii notas adjecit Petrus Wesselingius. *Amstelod.*, 1783, in-fol. v. br.

820 Herodoti Halicarnassei Historiarum libri IX
(græcè). *Lipsiæ*, 1815, 3 vol. in-18, v. fil.

821 Hist. d'Hérodote, trad. du grec, par Larcher.
Paris, 1802, gr. in-8, bas. rac.

822 Thucydidis de Bello Peloponnesiaco libri
VIII (gr. et lat.) ex edit. Wassii et Dukeri,
cum varietate lectionis et annotat., studiis Soc.
Bipontinæ. *Biponti*, 1788, 6 vol. in-8, vélin.

823 Thucydidis Bellum Peloponnesiacum (græcè) ; recensuit, argumentis notisque illustravit,
et vitam auctoris adjecit Fr. Goeller. *Lipsiæ*,
1826, 2 vol. in-8, demi-rel.

824 Frid. Lud. Abresch Dilucidationes Thucydi-
deæ. *Trajecti ad Rhenum*, 1755, in-8, v. éc. fil.
d. s. tr.

825 Histoire de Thucydide , traduite du grec par
P. Ch. Lévesque. *Paris* , 1795 , 4 vol. in-8,
demi-rel.

826 Xenophontis Opera (gr. et lat.). *Basileæ*,
1545, pet. in-fol. v. br.

827 Xenophontis historia græca; recensuit, animadversiones et indicem adjecit Sam. Frid.
Nathan. Morus (græcè et latinè). *Lipsiæ*, 1778,
in-8, v. f. fil.

828 Xenophontis de Cyri minoris expeditione commentarii, recensiti et explicati à Jo. Car. Zeunio. *Lipsiæ*, 1785, in-8, bas. rac.

829 Xenophontis de Cyri Disciplinâ libri VIII, recensuit Jo. Gott. Schneider. *Lipsiæ*, 1800, in-8, demi-rel.

83o Jo. Frid. Fischeri Commentarius in Xenophontis Cyropædiam; edidit Chr. Theo. Kuinoel. *Lipsiæ*, 18o3, in-8, demi-rel.

83r Diodori Siculi Bibliotheca historica (græcè et latinè), è recensione P. Wesselingii. *Biponti*, 1790-18o6, 11 vol. in-8, cart.

832 Justini historiæ Philippicæ, cum commentariis Variorum, curante A. Gronovio. *Lugd.-Batav.*, 1719, in-8, v. f.

833 Arriani, Expeditionis Alexandri libri VII, (græcè); recensuit Frid. Schmieder. *Lipsiæ*, 1798, in-8, v. rac. fil.

834 Q. Curtius, cum commentariis et supplementis Variorum et Freinshemii. *Lugd.-Batav.*, 1696, in-8, vel.

835 Histoire des Successeurs immédiats d'Alexandre, par Conrad Mannert (en allemand). *Leipsic*, 1787, in-8.

836 Polybii Lycortæ Historiarum libri quæ supersunt (græcè et latinè); interprete Is. Casaubono, ex recensione Gronovii, cum notis Variorum ; Præfationem et Glossarium Polybianum adjecit Jo. Aug. Ernesti. *Lipsiæ*, 1763-1765, 3 vol. in-8, cart.

837 Histoire de l'anc. Grèce, trad. de l'angl. de
J. Gillies, par Carra. *Paris*, 1787, 6 vol. in-8.

838 Histoire des premiers temps de la Grèce,
par Clavier. *Paris*, 1809, 2 vol. in-8, demi-rel.

839 Manuel de l'Histoire ancienne, par Heeren,
(en allemand). *Vienne*, 1817, in-8, demi-rel.

840 T. Livii Historiarum Libri, ex recensione
Arn. Drakenborchii, cum glossario Aug. Guil.
Ernesti. *Lipsiæ*, 1801, 4 vol. in-8, demi-rel.

841 Joh. Frid. Gronovii ad T. Livii Patavini
libros superstites notæ. *Lugd.-Batav.*, *ex offic.*
Elzeviriorum, 1645, in-12, v. br.

842 L. Ann. Flori Epitome rerum Romanarum,
cum Variorum animadversionibus, recensuit
Car. And. Dukerus. *Lugd.-Batav.*, 1744, 2 vol.
in-8, bas. rac.

843 Velleii Paterculi historia romana, cum notis
Chr. Dav. Jani et Jo. Chr. Henr. Krause. *Lip-*
siæ, 1800, in-8, bas. rac.

844 Eutropii breviarium historiæ romanæ, cum
notis Variorum, edidit Car. Henr. Tzschucke.
Lipsiæ, 1796, in-8, demi-rel.

845 Salluste, trad. de M. L. Mollevaut, avec le
texte latin en regard. *Paris*, 1813, in-12, fig.

846 C. J. Cæsaris Opera, cum notis Variorum,
curâ et cum animadvers. Fr. Oudendorpii.
Ludg.-Batav., 1737, in-4, vel. fig.

Exemplaire contenant des Notes de M. Thurot.

847 C. C. Taciti Opera, ex recensione Jo. Aug.

Ernesti , denuò curavit Jer. Jac. Oberlinus. *Lipsiæ,* 1801, 4 vol. in-8 , demi-rel.

848 Suetonii Opera, cum animadversionibus Jo. Aug. Ernesti et Is. Casauboni, edente Frid. Aug. Volfio. *Lipsiæ,* 1802, 4 vol. in-8, cart.

849 Dionis Cassii Historiarum Romanorum libri XLVI (græcè et latinè), Guil. Xilandro interprete; studio Jo. Leunclavii. *Hanoviæ,* 1606, in-fol. v. br.

850 Historiæ Augustæ Scriptores sex. *Lipsiæ,* 1774, in-8, demi-rel.

851 Dionysii Halicarnassensis Opera omnia , (græcè et latinè), cum notis Variorum; curante Jo. Jac. Reiske. *Lipsiæ,* 1774, 6 vol. in-8 , demi-rel., dos de maroq.

852 Herodiani libri octo (græcè), cum notis germanicis. *Lipsiæ,* 1791, in-12, demi-rel.

853 Ammiani Marcellini Rerum gestarum libri, ex recensione Valesio-Gronovianiâ, cum indice dignitatum et glossario latinitatis Aug. Guil. Ernesti. *Lipsiæ,* 1773, in-8 , demi-rel.

854 S. Aurelii Victoris Historia romana , ex recensione Jo. Frid. Gruneri. *Erlangæ,* 1787, in-12, demi-rel.

855 De romanâ republicâ, sive de re militari et civili Romanorum, à P. Jos. Cantelio. *Parisiis,* 1684 , in-12, v. br.

856 La République romaine , ou Plan général de l'ancien Gouvernement de Rome , par de Beau-

fort. *La Haye*, 1764, 2 vol. in-4, demi-rel. fig. non rognés.

857 Histoire des Empereurs, par Lenain de Tillemont. *Paris*, 1720-38, 6 vol. in-4, v. m.

858 Histoire de la Décadence des Mœurs chez les Romains, par R. Binet. *Paris*, an III, in-12, demi-rel.

859 Description des Mœurs, de la Politique et des Sciences chez les Romains, par Nitsch (en allem.). *Erfurt*, 1796, 2 vol. in-12, demi-rel.

860 Histoire des Celtes, et particulièrement des Gaulois et des Germains, par Sim. Pelloutier. *Paris*, 1771, 2 vol. in-4, v. m.

V. Histoire Moderne.

861 L'Europe au moyen âge, traduit de l'anglais de M. H. Hallam, par MM. P. Dudouit et A. Borghers. *Paris*, 1828, 4 vol. in-8.

862 Comparaison historique des Mœurs, du Gouvernement, du Commerce, de la Religion et des Sciences du Moyen Age, avec ceux de notre siècle, par Meiners (en allemand). *Hanovre*, 1793, 3 vol. in-8, demi-rel.

863 Essai sur l'Histoire des Comices de Rome, des États-Généraux de la France, et du Parlement d'Angleterre (par Gudin). *Paris*, 1789, 3 vol. in-8, demi-rel.

864 Histoire des Démêlés du pape Boniface VIII avec Philippe-le-Bel, roi de France, par Ad. Baillet. *Paris*, 1718, in-12, v. br.

865 Chroniques d'Enguerrand de Monstrelet. *Paris , Guil. Chaudière ,* 1572 , in-fol. v. br. fil. (tome Ier).

866 Manuel de l'Histoire du Système des États de l'Europe et de leurs Colonies , par Héeren (en allemand). *Gœttingue,* 1819, in-8, demi-rel.

867 Louis XII et François Ier, par M. Rœderer. *Paris,* 1825, 2 vol. in-8.

868 Mémoires Politiques et Militaires, pour servir à l'Hist. de Louis XIV et de Louis XV , par l'abbé Millot. *Paris,* 1777, 5 vol. in-12.

869 Histoire des Vaudois , ou des Habitans des vallées occidentales du Piémont. *Paris,* 1796 , 2 vol. in-8.

870 Istoria delle Guerre della republica Fioren- tina , da Bened. Varchi. *Leide,* 1723 , in-fol. gr. pap. v. éc. fil.

871 Histoire générale du Nord, par Schlosser (en allemand). *Halle,* 1771, in-4, demi-rel.

872 Hug. Grotii Annales et Historiæ de Rebus Belgicis. *Amstelod.,* 1658, 2 vol. in-18, v. fauv. fil. dor. s. tr.

873 Historia Gothorum, Vandalorum , et Lango- bardorum , ab Hugone Grotio. *Amstelodami ,* 1655, in-8, v. fauv.

874 Histoire de la guerre de sept ans, par Arc- henholtz (en allemand). *Manheim,* 1793, 2 tom. en 1 vol. in-8, demi-rel. portr.

875 Histoire de la guerre de trente ans , par

Schiller (en allemand). *Leipsic* , 1791 , in-8 ,
demi-rel.

876 Histoire de Danemarck , par P. L. Mallet.
Genève, 1787, 9 vol. in-12, demi-rel.

877 Historia de las guerras civiles de Granada.
Paris, 1660, in-8, v. br.

878 Essai sur les Fanariotes , etc. , par M. Ph.
Zallony. *Marseille*, 1824, in-8.

879 Traité sur les Princes de la Valachie et de la
Moldavie , connus sous le nom de Fanariotes;
ou Exposé de leur influence dans l'empire Otto-
man , etc. , par M. Ph. Zallony. *Paris* , 1830 ,
in-8, portr.

880 Histoire Philosophique et Politique des État-
blissemens et du commerce des Européens dans
les Indes, par G. Th. Raynal. *Genève* , 1780 ,
10 vol. in-8, bas.

881 Histoire générale de l'Inde Ancienne et Moderne, depuis l'an 2000 av. J. C. jusqu'à nos
jours, par M. de Marlès. *Paris* , 1828 , 6 vol.
in-8.

VI. ANTIQUITÉS.

882 Dictionnaire d'Antiquités , Mythologie , Di-
plomatique , des Chartres et Chronologie , par
M. Mongez. *Paris*, 1786 et ann. suiv., 5 tom.
en 10 vol. in-4, cart. (*Encycl. méthodique.*)

883 L'Antiquité dévoilée par ses usages , par
Boulanger. *Amsterd.*, 1772, 3 vol. in-12, v. m.

884 Dictionnaire des Antiquités Grecques et Ro-

maines, etc. , traduit et abrégé du grand Dictionnaire de Pitiscus, par Pierre Barras. *Paris*,
1797, 2 vol. in-8, demi-rel.

885 Antiquités Grecques, ou Tableau des Mœurs,
Usages et Institutions des Grecs, trad. de l'angl.
de Robinson. *Paris*, 1822, 2 vol. in-8, demi-rel.

886 Antonii Van Dale Dissertationes IX, Anti-
quitatibus, cum Romanis, tum potissimùm
Græcis, illustrandis inservientes. *Amstelodami*,
1743, in-4, v. m. fig.

887 Lamb. Bos Antiquitatum Græcarum, præcipuè Atticarum descriptio, cum observat. Jo.
Frid. Leisneri. *Lipsiæ*, 1767, p. in-8, demi-rel.

888 Antiquités Romaines, trad. de l'angl. de Alex.
Adam. *Paris*, 1818, 2 vol. in-8, demi-rel.

889 Manuel des Antiquités Romaines, par J. L.
Meyer (en allemand). *Erlangen*, 1806, in-8.

890 Muséum de la connaissance de l'antiquité (en
allemand). *Berlin*, 1808, 4 cahiers in-8.

891 Encyclopédie des principales Sciences Historiques, l'Archéologie, la connaissance des Antiquités, etc., par J. Ernst. Fabri (en allemand).
Erlangen, 1808, in-8.

892 Esquisse de l'Histoire des Antiquités et de la
Littérature des Romains, par G. Alex. Rupert
(en allemand). *Gættingue*, 1794, in-8, demi-rel.

893 Guil. Du Choul veterum Romanorum Reli-
gio, Castrametatio, etc. *Amstelodami*, 1696, in-
4, vel. fig.

894 De veteribus Græcorum Romanorumque

Cyclis , obiterque de Cyclo Judæorum ætate
Christi , Dissertationes X. *Oxonii* , 1701 , in-4,
v. jasp.

895 Jo. Laur. Lydi de Ostentis quæ supersunt,
una cum fragmento Libri de mensibus ejusdem
Lydi, fragmentoque Manl. Boëthii de Diis et
præsensionibus, ex codicibus regiis; edidit, græ-
caque supplevit et latinè vertit Car. Ben. Hase.
Parisis, *è typ. reg.* 1823, gr. in-8, demi-rel.
non rogné.

896 Manuel d'Archéologie de Siebenkees (en allemand.) *Nuremberg*, 1799 , in-8, v. rac. fil.

897 De Magistratibus Atheniensium liber, Gul.
Postello authore. *Basileæ*, 1551 . in-8, cart.

898 Notitia Dignitatum imperii Romani , ex
recens. Phil. Labbe. *Parisis* , *è typ. reg.* 1651 ,
in-12, v. b.

899 Noctes Granzovianæ, seu discursus panegyricus de antiquis Triumphis, auctore Mart. de
Guichardo. *Amstel.* , 1661, in-12, br.

900 Joh. Kirchmanni, de Funeribus Romanorum
lib. IV. Accessit funus parasiticum N. Rigaltii.
Brunsvigæ, 1661, pet. in-8, vel.

901 Octavii Ferrarii de re vestiariâ libri septem.
Patavii, 1654, in-4, vel.

902 Pet. Ciacconius de Triclinio , sive de modo
convivandi apud priscos Romanos, et de convi-
viorum apparatu , etc. *Lipsiæ*, 1758, in-12,
broch.

903 Laur. Pignorii de Servis, et eorum apud

veteres ministeriis , commentarius. *Amstel.*,
1674 — Titi Popmæ de operis servorum liber.
Amstel. 1672 : 2 tom. en 1 vol. in-12, vel. fig.

904 Balduinus de calceo , et Nigronus de caligâ
veterum. *Amstelod.*, 1667, in-12, vel. **fig.**

905 Dissertation sur le Vase d'or trouvé à Rennes,
le 26 mars 1774, par M. Cointreau. *Paris*, 1802,
in-4, fig.

906 Cours d'Antiquités monumentales , professé
à Caen , par M. de Caumont, tome Ier. *Paris* ,
1830, in-8, et atlas in-4.

VII. Histoire Littéraire , Bibliographie.

907 Jo. Alberti Fabricii Bibliotheca græca , sive
notitia scriptorum veterum Græcorum , quo-
rumque monumenta integra , aut fragmenta
edita extant. *Hamburgi*, 1718-24 , 12 vol. in-
4, v. br.

909 G. Alberti Fabricii Bibliographia antiquaria;
accedit Mauricii Senonensis de sanctæ Missæ
ritibus carmen. *Hamburgi* , 1713 , in-4 , v.
f. fil.

910 Photii Myriobiblon , sive Bibliotheca librorum quos legit et censuit Photius (græcè et
latinè) , cum notis Dav. Hoeschelii, interpr.
And. Schotto. *Genevæ*, 1612, in-fol. v. br.

911 De l'Origine des Lois , des Arts et des Sciences , et de leurs Progrès, chez les anciens Peu-

ples (par Goguet). *Paris*, 1759, 6 vol. in-12,
v. marb.

912 Histoire de la Littérature grecque profane,
par Schoell. *Paris*, 1823, 8 vol. in-8, dem-rel.
portr. non rognés.

913 Histoire abrégée de la Littérature romaine,
par Fr. Schoell. *Paris*, 1815, 4 vol. in-8, demi-
rel. non rognés.

914 Ant. Aug. Mar. Bandini Specimen litteraturæ Florentinæ sæculi XV. *Florentiæ*, 1748,
2 tom. en 1 vol. in-8, cart. non rognés.

Ex. avec la Signature de d'Ansse de Villoison.

915 Del risorgimento d'Italia negli studi, arti e
costumi, da Saverio Bettinelli. *In Bassano*, 1775,
2 vol. in-8, v. f. fil. d. s. tr.

916 Bibliothèque universelle et historique, 1686-
93 (par J. Le Clerc, J. Conr. de la Croze et
Jacq. Bernard). *Amsterdam*, 26 vol. — Bibliothèque choisie, par J. Le Clerc, 1703-13. *Amst.*,
27 vol. — Bibliothèque ancienne et moderne,
par le même, 1714-27. *Amst.*, 29 vol. : 82 vol.
in-12, v. f.

917 Histoire critique des Journaux, par M. C***
(Camusat). *Amsterd.* 1734, 2 tom. en 1 vol.
in-12, v. m.

917 Bibliothèque Française de La Croix du Maine
et Ant. du Verdier, édit. augmentée par Rigoley
de Juvigny. *Paris*, 1772-73, 6 vol. in-4, v. m.

919 Mémoires de l'Institut National : Sciences

Morales et Politiques, 4 vol. Sciences Mathématiques et Physiques, 4 vol. Littérature et
Beaux-Arts, 4 vol. *Paris, Beaudoin,* an VI et
ann. suivantes : 12 vol. in-4, cart. fig.

920 Manuel du Libraire et de l'Amateur de Livres,
par Brunet. *Paris,* 1810, 3 vol. in-8, demi-rel.

VIII. Biographie.

921 Plutarchi vitæ parallelæ Romanorum et Græcorum, ed. A. Coray. *Parisiis , Éberart,* 1809-
1814, 6 vol. in-8, bas. rac.

922 Diogenis Laertii , de vitis, dogmatibus et
apophthegmatibus clarorum Philosophorum libri X (græcè et latinè), cum notis Is. Casauboni, Th. Aldobrandini et Mer. Casauboni;
latinam versionem complevit et emendavit Mar-
cus Meimobius ; recensuit Æg. Menagius.
Amstelod., 1692, 2 vol. in-4, v. br. portr.

923 P. Gassendi animadversiones in decimum
librum Diogenis Laertii qui est de vità , moribus, placitisque Epicuri. *Lugduni,* 1649 , in-
fol. vel.

924 Ign. Rossii commentationes Laertianæ. *Romæ,*
1788, gr. in-8, demi-rel.

925 Eunapius Sardianus, de vitis philosophorum
et sophistarum (græcè et latinè), interprete
Hadriano Junio Hornano. *Antuerpiæ,* 1568 ,
in-8, vel.

926 Homère et ses Écrits, par M. de Fortia d'Urban. *Paris*, 1832, in-8.

927 Juliani imperatoris Cæsares, ex recensione et cum adnotationibus Theo. Chr. Harles. *Erlangæ*, 1785, in-8, demi-rel.

928 Juliani imperatoris Cæsares et Misopogon, græcè et germanicè, Herm. Jac. Lasio interprete. *Greifswald*, 1770, in-8.

929 Cornelii Nepotis Vitæ, cum notis Variorum et Indice J. A. Bosii, ed. Aug. Van Staveren. *Lugduni-Batavorum*, 1773, in-8, v. f.

930 M. T. Ciceronis vita, ex oratoris scriptis excerpsit, et ad Consulum seriem digessit J. H. L. Meierotto. *Berolini*, 1783, in-8, demi-rel.

931 Vie de Jules-César, par Meissner (en allemand). *Berlin*, 1799, in-8.

932 Histoire de Zénobie, Impératrice-Reine de Palmyre, par Euvoy de Hauteville. *Paris*, 1757, in-12, v. m.

933 Vie de Fénélon (par Chas). *Paris*, 1788, in-12, v. m.

934 Histoire de la Vie et des Ouvrages de J.-J. Rousseau, par M. Musset-Pathay. *Paris*, 1827, in-8.

935 La Cour et la Ville sous Louis XIV, Louis XV et Louis XVI, ou Révélations historiques, tirées de manuscrits inédits, par F. Barrière. *Paris*, 1830, in-8, br.

936 Manuscrit de l'an III (1794-1795), par le baron Fain. *Paris*, 1828, in-8.

937 Napoléon jugé par lui-même, par ses amis et
ses ennemis, par M. Massias. *Paris*, 1823, in-8.

938 Mémoires pour servir à l'Histoire de France
sous Napoléon, écrits à Sainte-Hélène par les
Généraux qui ont partagé sa captivité. *Paris*,
1823-25, 8 vol. in-8.

939 Vie et Pontificat de Léon X, trad. de l'anglais de William Roscoe, par P. T. Henry.
Paris, 1808, 3 vol. in-8, portr.

940 Vite di Uomini illustri, scritte da loro mede-
simi: vita di Benvenuto Cellini, ridotta ed illustrata da Gio. Palamede Campani. *Milano*,
1821, 3 vol. in-8, portr.

941 Vie de Poggio Bracciolini, par M. W. She-
pherd, et trad. de l'angl. (par M. de l'Aubepin).
Paris, 1819, in-8.

942 Account of the Life and Writings of William Robertson, by Dugald Stewart. *London*,
1801, in-8, cart.

943 Memoirs of Geo. Berkeley. *London*, 1784, in-
8, cart.

944 Account of the Life and Writings of Rob.
Simson, by Will. Trail. *Bath*, 1812, in-4, cart.
portr.

945 A Compilation of various authentick eviden-
ces, and historical authorities tending to illus-
trate the life and character of Thomas Egerton, etc., by Fr. Henry Egerton. *Paris, Didot
aîné*, 1812, in-fol. max. pap. vel.

IX. Extraits Historiques.

946 Ed. Corsini Fasti Attici, in quibus Archon-
tum Atheniensium series, virorum illustrium
ætas atque præcipua Atticæ historiæ capita per
Olympicos annos disposita, describuntur. *Florentiæ,* 1744-61, 4 vol. in-4, vel.

947 Cl. Æliani variæ historiæ (græcè), annotationibus Jac. Perizonii et aliorum selectis ins-
tructæ, cum præfat. J. J. G. Schelleri; curavit editionem, notas suas, indicesque adjecit
S. B. Gott. Benj. Lehnert. *Lipsiæ,* 1794, in-8,
v. rac. fil.

948 A. Coray Prodromus Bibliothecæ Gracæ. —
Æliani variæ historiæ, græcè. *Parisiis, F. Didot,* 1805, in-8, demi-rel.

949 Antiquissimæ Græcorum historiæ res insig-
niores usque ad primam Olympiadem ; illustravit et indices cum latinâ interpretatione adjecit Car. God. Siebelis. *Lipsiæ,* 1803, 2 vol.
in-12, demi-rel.

950 Selecta principum Historicorum, edente Dan.
Wyttenbach. *Amstelod.,* 1794, in-8, demi-rel.

951 Historicorum Græcorum antiquissimorum
fragmenta , collegit Fridericus Creuzer. *Hei-
delbergæ,* 1806, in-8.

952 Nicolai Damasceni Historiarum excerpta et
fragmenta quæ supersunt, græcè. *Lipsiæ,* 1804,
in-8.

953 Valerius Maximus, cum Notis Variorum, ex
nová recensione A. Thysii. *Lugduni-Batavorum,*
1770, in-8, br.

954 Selecta ex scriptoribus Romanis ; in usum
Scholarum. *Dresdæ*, 1790, in-8, demi-rel.

955 Jac. Perizonii Animadversiones historicæ.
Amstelodami, 1685, in-12, v. br.

956 Introduction au Traité de la conformité des
Merveilles anciennes avec les modernes , ou
Traité préparatif à l'Apologie pour Hérodote ;
par H. Estienne. 1566, in-8, v. br.

IX. Mélanges.

Recueils de Pièces sur divers sujets.

957 Opuscula varia, in linguam græcam vet. et
hod., 21 fasc. in-8 et in-18.

958 Recueil de Pièces (7) publiées de 1803 à 1820,
par le Dr Coray, en français et en grec, sur divers sujets de littérature, de politique et d'histoire, 1 vol. in-8, demi-rel.

959 A. Coray Bibliotheca Græca : Prodromus bibliothecæ, Æliani variæ historiæ, 1 vol.—Isocratis Opera, 2 vol. — Plutarchi Vitæ, 6 vol. —
Strabonis Geographia, 4 vol. *Parisiis , F. Didot
et Eberart*, 1805 - 1819, 13 vol. gr. in-8.

960 Collectanea Græca minora, cum notis philo-

logicis, cura et studio Joan. Godofr. Grohmann. *Lipsiæ*, 1797, in-8.

961 Introductio in linguam græcam, auct. Jo. Ern. Imm. Walchio. *Ienæ*, 1772. — De Prosodiæ græcæ Accentùs inclinatione, auct. Frid. Volg. Reizio; additum est ejusd. Carmen sæculum ab inventis clarum, ed. Frid. Aug. Wolfio. *Lipsiæ*, 1791. — Anecdota Græca, curante Jo. Ph. Siebenkees, ed. Jo. Adam. Goez. *Norimbergæ*, 1798, 3 tom. en 1 vol. in-8, demi-rel.

962 Platonis Gorgias, græcè, ad fidem codd. Mss. August. et Meermann, versionisque Ficini, recensuit, emendavit, explicavit, indicemque verborum græcorum adjecit Chr. God. Feindeisenius. *Gothæ*, 1796, in-8, cart.

Le texte de cet Exemplaire contient un grand nombre de notes et de corrections de la main de M. Thurot.

963 Fragmens de Parmenide, avec une traduction et un Commentaire (en allemand) par Geo. Gust. Fülleborn. *Zullichau*, 1796. — Commentarius in primam partem Libelli de Xenophane, Zenone, et Gorgiâ, auct. Spalding. *Berolini*, 1793.— Pherecydis Fragmenta, ed. Frid. Guil. Sturz. *Geræ*, 1798.—Hellanici Lesbii Fragmenta, ed. eod. Sturz. *Lipsiæ*, 1787, 4 part. en 1 vol. in-8, demi-rel.

964 Luciani Samosatensis quæstio : Quomodò Historia sit scribenda, græcè; illustravit M. Reg. Frid. Wil. Rudolphus. *Lipsiæ*, 1797. — Plu-

tarchi de educatione liberorum, recensuit J. G.
Schneider, *Argentor.*, 1775 , 3 part. en 1 vol.
in-8, demi-rel.

965 Ex Plutarchi Operibus excerpta, quæ ad artes
spectant, ed J. F. Facio. *Lipsiæ,* 1805.—Ant.
Schori de Ratione docendæ , discendæque linguæ græcæ liber, emendavit Frid. Wil. Jo.
Dillenius. *Stuttgardiæ* , 1780, 2 tom. en 1 vol.
in-8 , demi-rel.

966 Demosthenis oratio in Midiam (græcè) ed. G.
Lud. Spalding. *Berolini,* 1794.—I Cantici di
Tirteo (gr. et ital.) trad. da L. Lamberti. *Parigi,*
1801. —Psellus, de lapidum virtutibus (gr. et
lat.) cum not. Ph. Jac. Maussaci et Jo. St. Bernard. *Lugd.-Batav.*, 1745, 1 vol. in-8, demi-rel.

967 Marci Antonini philos. Commentarii quos
ipse sibi scripsit (græcè) cum latinâ interpr.
Gatakeri. *Lipsiæ,* 1775, in-8, cart.

Les marges de ce vol. sont remplies de Notes et de
Corrections de M. Thurot.

968 Geo. D'Arnaud Lectionum Græcarum libri
duo. *Hagæ-Comitum,* 1730.—Jo. Piersoni Ve-
risimilium libri duo. *Lugd.-Batav.,* 1752, 2 tom.
en 1 vol. in-8, vél.

969 Disputatio historica-critica de Panætio Rho-
dio, auctore F. G. Van Lynden. *Lugd.-Batav.* ,
1802. — Posidonii Rhodii reliquiæ doctrinæ,
collegit Janus Bake ; accedit D. Wyttembachii
annotatio, 1810, in-8, demi-rel. non rogné.

970 Specimen historico-juridicum de Q. Hortensio
oratore, à Ludovico Casparo Luzac. *Lugd.-Bat.*,
1810. — Diatribe de Aristoxeno, auctore Guil.
Leon. Mahm. *Amsterdam*, 1793. — Epicrisis
censurarum bibliotheca critica, auctore Guil.
Leon. Mahm. *Traj. ad Rhenum*, 1808, 3 part.
en 1 vol. in-8, demi-rel.

971 God. Hermann : De præceptis quibusdam
Atticistarum dissertatio. — De Dialecto Pindari
observationes. — De differentiâ prosæ et poeti-
cæ orationis disputatio. — Jo. Aug. Briegleb :
Commentatio de momentis moralibus religio-
num græcarum et romanarum.— God. Fühose :
de idæis Platonis disputatio. — Dav. Chr.
Grimm. : Sapientiæ Platonicæ Florilegium. —
G. Chr. Hamberger : de pretiis rerum apud
Romanos.— Jo. Lulofs : Oratio inauguralis de
Matheseos et Metaphysices connubio. — Lud.
Frid. Meisteri : Commentatio de Catapultâ
polybolâ, etc. *Lipsiæ et Gottingæ*, in-4, demi-
rel.

972 Arn. Drackenborchii de præfectis urbi liber,
curavit Jo. Chr. Kappius. *Borruthi*, 1787. —
Ph. Wil. Mosebach, de præconibus veterum.
Francof., 1767. — Frid. Gott. Freitag Specimen historiæ Litteraturæ. *Lipsiæ*, 1765.— Chr.
Klotzii ridicula litteraria. *Altenburgi*, 1762.—
Briegleb Syntaxis gerundiorum, supinorum et
participiorum. *Eisenach*, 1770. — Kistomaker,
de origine ac vi verborum deponentium et me-

diorum. *Monasterii Westphaliæ*, 1787, 6 part. en 1 vol. in-8, vel.

973 Callimachi hymni et epigrammata, græcè, ex recens. Jo. Aug. Ernesti , curavit Chr. Aug. Lœsnerus. *Lipsiæ*, 1774. — Utriusque Leonidæ carmina (græcè) edente Alb. Christ. Meineker. *Lipsiæ*, 1791. — Parthenii Nicæensis narrationes amatoriæ (græcè); emendavit Luc. Legrand ; edidit Chr. Geo. Heyne. *Gottingæ*, 1798. — Fl. Josephi de vitâ suâ liber (græcè), recensuit Henr. Ph. Conr. Henke. *Brunsvici*, 1786, 4 part. en 1 vol. in-8, demi-rel.

974 Geo. Gust. Fullebornii Encyclopedia philologica, curante Kaufuss. *Vratislaviæ*, 1805. — Base fondamentale de la Grammaire et de la Critique, par Fried. Ast. (en allemand). — Mélanges sur l'histoire de la civilisation et des arts de l'Antiquité, par Facius (en allemand). 1 vol. in-8, demi-rel.

975 Oberlini artis diplomaticæ primæ lineæ. *Argentorati*, 1788. — Ejusdem Rituum Romanorum Tabulæ. *Argentorati*, 1784. — Jo. Leusdeni de dialectis libellus, edente Fischero. *Lipsiæ*, 1764. — M. Ern. Guil. Hempel primæ linguæ hebრææ elementa. *Lipsiæ*, 1776. — Metrophanis Critopuli emendationes et animadversiones in Jo. Meursii Glossarium græco-barbarum , edente Jo. Geo. Frid. Franzio. *Stendaliæ*, 1787, 5 part. en 1 vol. in-8, demi-rel.

976 Poggii Bracciolini Florentini historiæ de va-

rietate fortunæ, ex manuscripto codice bibliothecæ Ottobonianæ editæ, et illustratæ à Domi-
nico Georgio. *Parisiis*, 1723, in-4, demi-rel.

977 Jac. Tollii fortuita. *Amstelod.*, 1657. — Ejusdem Manuductio ad cœlum chemicum. *Amst.*,
1688, pet. in-8, vel.

978 Wesseling Probabilium liber singularis. *Ultrajecti*, 1731. — Ejusdem epistola ad H. Vene-
man. *Trajecti ad Rhenum*, 1748. — Ejusdem
Dissertatio Herodotea. *Traj. ad Rhenum*, 1758:
3 part. en 1 vol. in-8, velin.

979 Jo. Melc. Gott. Beseke Commentatio de fru-
mentariâ largitione, cum fig. æneis. *Mitaviæ*,
1775. — Herm. Schlichthorst Geographia Afri-
cæ Herodoteæ. *Gottingæ*, 1788. — Frid. Sne-
dorf, de hymnis veterum Græcorum, cum
tribus hymnis Dionysio adscriptis. *Hafniæ*,
1786. — Jo. Frid. Meyer Commentatio de Diis
ac Deabus, cum fig. *Francof. ad Mœnum*, 1790.
— De Mimis Romanorum, auct. Ziegler. *Gottingæ*, 1789 : 5 part. en 1 vol. in-8, demi-
rel.

980 Censorini liber de die natali, cum commentario Henr. Lindenbrogii, et notis Variorum.
— C. Lucilii Satyrarum reliquiæ, cum notis
Fr. J. F. Douzæ, ex recensione Sam. Haver-
campi. *Lugd.-Batav.*, 1743, in-8, v. gr. dent.

981 P. Pomponatii Tractatus de immortalitate
animæ. — Libellus animadversionum ad Lon-
ginum, Sam. Fr. Nath. Moro auctore. — Apoph-

thegmata ex Erasmi Collectione, etc. 9 fasc.
in-8.

982 J. Meursii de populis Atticæ liber. *Lugd.-
Bat., Elzevirii*, 1616. — Ejusdem Areopagus,
sive de Senatu Areopagitico. *Lugd.-Bat.*, 1624.
—Ejusdem Regnum Atticum , sive de Regibus
Atheniensium, libri III. *Amstel.*, 1633.— Ejusdem Pisistratus, sive de ejus vitâ et tyrannide
liber singularis. *Lugd. -Batav., Elzev.*, 1623.
— Ejusdem de regno Laconico libri II , de
Piræeo liber, et in Helladii Chrestomathiam
animadversionès. *Ultrajecti*, 1687: 5 part. in-
4, v.

983 Dissertatio de Fœnore Trapezitico, in tres libros
divisa. — Diatriba de mutuo non esse
alienatum, auctore Alexio à Massalia (Cl. Salmasio). *Lugd.-Batav.*, 1640, in-8, vel.

984 Specimen editionis epistolarum Aristæneti,
curâ Frid. Jac. Bast.— Psychologia Homerica,
auct. Car. Wil. Halbkart.— Éloge de d'Aguesseau, par Coray. — Symbolæ observationum
in Ovidii Fastos, auct. Frid. Henr. Guil. Ge-
senio , etc., 8 br. in-8.

985 De l'Universalité de la Langue françoise (par
Rivarol). —L'Art d'apprendre les langues, par
Weiss. — Méthode raisonnée pour apprendre
la langue latine, par Leprince. —Museum an-
tiquitatis studiosorum.— Anonymi OEconomia
quæ vulgò Aristotelis falsò ferebantur (græcè et
latinè), curâ Jo. Gott. Schneider. — Buco-

liques de Virgile, avec la traduction en allemand,
par Voss. 6 vol. in-8, et in-12.

986 Essais sur l'Enseignement, par Lacroix. —
De la Philosophie moderne, par Rivarol. —Des
signes envisagés relativement à leur influence
sur la formation des idées, par P. Prevost. —
Lettre de Cabanis sur les causes premières. —
Exposé de la méthode de Pestalozzi. —La Mé-
tempsycose, ou dialogues des bêtes, par un Py-
thagoricien, etc., 10 br. in-8.

987 Histoire des Arts et des Sciences depuis leur
restauration jusqu'à la fin du XVIIIe siècle, par
Héeren, 2 vol. — Recherches historiques sur les
observations astronomiques des Anciens, par
Ideler. — Mélanges sur divers sujets (en allemand): 14 vol. in-8 et in-12.

988 Rapports sur la situation de l'École Poly-
technique, sessions des ans IX, X, XI, XII,
XIII, etc., 10 br. in-4.

989 Traité de l'Esprit public, par Dieudonné-
Thiébault. — Principes d'Économie politique,
par Canard.— Discours sur l'administration de
la justice, par Servan, etc., 9 vol. in-8.

990 De la Nécessité des signes pour la Formation
des Idées, par N. J. B. Toussaint. — Élémens
de Morale, par A. Ch. Renouard. — Essai sur
la connaissance de soi-même, trad. de l'angl. de
J. Mason, etc. 7 vol. in-8, in-12 et in-18.

991 Histoire et procédés du Polytypage et de la
Stéréotypie, par A. G. Camus. *Paris*, an X,

in-8. — Spécimen des nouveaux caractères de
P. Didot aîné, 1819, in-4, pap. vel.

992 Essai de Chronologie, par Gatterer et Vater.
— Histoire des Vandales, par Mannert, etc.(en
allemand) 1 vol. in-fol. et 7 vol. in-8.

993 Notice sur le Voyage de M. Lelorrain en
Égypte, par M. Saulnier fils.—Mélanges d'An-
tiquités grecques et romaines, par M. de Clarac.
— Notice sur les collections numismatiques de
M. Gossellin. — Explication du plan topogra-
phique de l'enceinte antique appelée le Mur
Payen, par Schweighæuser : 4 br. in-8, fig.

994 Journal of a voyage round the Globe, by
Geo. Anson. — Recherches nouvelles sur l'histoire ancienne. — Mémorial portatif de Chronologie, de Biographie, etc. 3 vol. in-8.

995 Analyse de l'histoire des Huns, par Deguignes.
— Lettre du duc de Noya Carafa à Buffon, sur
la Tourmaline. — Réflexions sur l'Alphabet et
sur la langue dont on se servait autrefois à Palmyre, par l'abbé Barthélemy, etc., 5 part. en 1
vol. in 4, cart. fig.

ORDRE DES VACATIONS.

Nota. Il y aura, chaque jour de vente, de dix à onze heures, exposition des Livres qui devront être vendus dans la vacation. Tous les Livres seront vendus pour complets, à moins de déclaration contraire lors de la mise sur table; on aura la facilité de les collationner sur place dans les vingt-quatre heures de l'Adjudication; mais, ce délai passé, ou les Livres une fois sortis de la salle de vente, on ne sera admis à *aucun rapport*, sous quelque prétexte que ce soit.

Les articles rares, qui se trouveront dans les vingt premiers numéros, seront vendus à la fin de la vacation.

Les articles de 10 francs et au-dessous ne seront repris pour aucun défaut, à moins qu'ils ne soient incomplets.

Le Libraire chargé de la vente reçevra les commissions qui lui seront adressées.

1re *vacation, le lundi* 14 *janv.*		3e *vacation, le mercredi* 16.	
Théologie	1 — 6	Sciences et Arts .	97—133
Jurisprudence . .	16— 24	Belles-Lettres . .	428—485
Sciences et Arts .	34— 65	Histoire	837—866
Belles-Lettres . .	317—372		
Histoire	791—814		

2e *vacation, le mardi* 15.		4e *vacation, le jeudi* 17.	
Théologie. . . .	7 — 15	Sciences et Arts .	134—172
Jurisprudence. .	25— 33	Belles-Lettres . .	486—543
Sciences et Arts.	66— 96	Histoire	867—893
Belles-Lettres . .	373—427		
Histoire.	815—836		

5ᵉ *vacation, le vendredi* 18.

Sciences et Arts;	.	173—211
Belles-Lettres. .	.	544—599
Histoire	.	894—920

7ᵉ *vacation, le lundi* 21.

Sciences et Arts.	.	252—285
Belles-Lettres. .	.	658—723
Histoire	.	946—969

6ᵉ *vacation, le samedi* 19.

Sciences et Arts.	.	212—251
Belles-Lettres .	.	600—657
Histoire	.	921—945

8ᵉ *vacation, le mardi* 22.

Sciences et Arts.	.	286—316
Belles-Lettres. .	.	724—790
Histoire	.	970—995

EN DISTRIBUTION

Chez M. Leblanc, Libraire, rue du Sentier, n° 18.

Catalogue des Livres imprimés et manuscrits, principalement dans les langues arménienne, persane, arabe et autres de l'Orient, composant la bibliothèque de feu M. Saint-Martin, chevalier de la légion-d'honneur, membre de l'Institut (Académie des Inscriptions et Belles-Lettres), de la Société Asiatique, etc., dont la vente aura lieu le lundi 4 février, et jours suivans, onze heures du matin, place Royale, n° 13.

SOUS PRESSE.

Catalogue des Livres imprimés et manuscrits, principalement dans les langues sanscrite, bengali, persane, arabe, et autres de l'Orient, composant la bibliothèque de feu M. Chézy, chevalier [de la légion - d'honneur, membre de l'Institut, (Académie des Inscriptions et Belles - Lettres) de la Société Asiatique, etc., dont la vente aura lieu dans le courant de février prochain, au Collège de France.